U0086284

西洋文學、文化意識叢書

馬庫色

馬庫色及其批判理論

史文鴻 著

葉維廉・廖炳惠 主編

東大圖書公司

國立中央圖書館出版品預行編目資料

馬庫色:馬庫色及其批判理論/史文鴻
著--初版--臺北市;東大出版:三民
總經銷,民80
　　　面;　　　公分.--(西洋文學,
文化意識叢書)
ISBN 957-19-0888-6(精裝)
ISBN 957-19-0889-4(平裝)

1.馬庫色(Marcuse, Herbert,
1898-　　　)-學識-哲學
143.35　　　　　　　　80003741

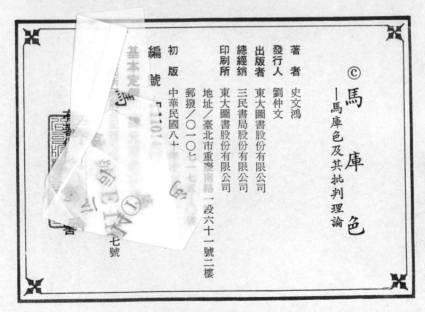

ⓒ馬庫色
　　—馬庫色及其批判理論

著　者　史文鴻
發行人　劉仲文
出版者　東大圖書股份有限公司
總經銷　三民書局股份有限公司
印刷所　東大圖書股份有限公司
地址/臺北市重慶南路一段六十一號二樓
郵撥/〇一〇七一七五——〇號
初版　中華民國八十
編號　E14
基本定價
　　七號

ISBN 957-19-0888-6 (精裝)

《西洋文學、文化意識叢書》總序

自從結構主義、後結構主義崛起之後，名詞及術語令人目不暇給，再加上批評家往往在理論裡平添自傳、政治扎爭、文字戲耍的色彩與作為，使得理論不再容易理解，尤其在一波波的新理論推出後，彼此針鋒相對，互有消長，更令人覺得無所適從，猶如瞎子摸一隻不斷變換位勢及形狀的象，始終無法明瞭理論的體系及其來龍去脈。

以中文發表的論文及專著，雖然已有不少是觸及晚近的文學、文化理論，但是大多只作全景掃瞄式或作片面的報導，鮮有真正深入某一理論家的原作，就其思想傳承作清楚的交代，並對理論演變及其作用加以闡明，從而進一步評估其成就，不致落入邊陸地帶的完全依賴、毫無判識能力的弊病。

這一套叢書由葉維廉教授提出構想，由我擔任策劃，我們力求平均分配文學、文化理論家的學派比例，希望能藉研究這些理論家，同時對當代的文化、社會理論及活動也作廣泛的接觸。對於古典的文學理論家如柏拉圖、亞理斯多德、乃至啟蒙時代及其後來的美學、哲學家如康德、黑格爾、尼采，或像馬克思及海德格，這些影響深遠的思想家，我們希望將他們納入當代的文化理論中加以討論，從中看出他們被吸收、轉化、批判的成份，進而

對這些思想家在傳統中所形成的效應歷史意識有所反省。

當然，任何一套叢書難免有掛一漏萬的問題，我們儘量做到在地理分佈上，從蘇俄、東歐、西歐到美國，不落入英美或法德為本位的理論傾銷；同時，我們對現代主義、詮釋學、批判理論、女性主義、後現代主義、後結構主義、後殖民論述的代言人，也力求均勻，尤其兼顧了弱勢團體的論述，就膚色、種族歧視的分析與批判，剔出一、兩位理論家作為文化批判的切入點。當我們拿現代主義或早期的女性主義者為研究主題時，已顯出後現代處境自我反省以及重新評估其源頭的態度，是以後現代、後結構的觀點去審視現代主義及女性主義，藉此闡揚、再思現代主義、女性主義與批判理論未完成的構想，並對現下的思潮作重新定位。

這一套叢書匯集了臺灣、香港、法國、美國的學者，以目前的陣容作基礎，希望能作到逐漸擴大，並引起學術及文化界的熱烈迴響，使理論進入日常生活的意識，思想與文化作為結合。

東大圖書公司的劉振強先生使這一套叢書得以問世，在此要向他、參與叢書撰寫的學者與東大圖書公司的編輯羣致敬。

廖　炳　惠

一九九一年七月於風城

自　序

　　寫一本有關批判理論中「馬庫色」的介紹書，當然不能不解說一下它的意義，這其實也是「批判理論」的時代意義。一個我們不容否認的事實，是「批判理論」本身，是套極具生命力的理論，它集古今大成的理論氣魄，特別把「心理分析」、「馬克思主義」、「維根思坦」的語言哲學等連結在傳統哲學的基礎上，再加上它關懷的不單是社會及政治，也涉及文化及藝術的問題，使研究它的確成為一份極大的挑戰。

　　不過，要使讀者不要誤解，以為批判理論只是一種「什抄主義」(ecleticism)，筆者不能不強調一點，就是批判理論在處理所有理論的問題上，是有一個最高的原則的，那就是「理性」。這「理性」不是單指「工具理性」——只為達到一個既定目標而要做手段的考慮。這理性是要以人類整體的幸福為依歸，來判斷各種人類活動的意義，無論是政治及社會組織、文化及藝術的活動、道德及個人自由的選擇等。這種「理性」要我們檢討生活現實中周遭的關係，是否合乎人性尊嚴、公義、自由和平等的原則，是否真以人為目的，而不是手段，是否真能給予每個人發揮自己的機會，或只是禁制人及鞏固社會上一小撮既得利益者的既得利益而已。換句話說，這理性是種「批判的理性」，完全符合蘇格拉底(Socrates)的批判精神，使我們認真面對生命——不單是自己的，也更是人與人的及整體的，因為沒有反省的生命是不

值得我們活的，批判理論就是要我們活得有反省、批判及實踐。

在東歐及蘇聯變革，特別蘇聯的「史達林主義」的「現實社會主義」模式全面崩潰的時刻，「批判理論」更有它特別的意義。不單是「批判理論」早在三十年代就抨擊「史達林主義」及「法西斯主義」，正確地指出它們是違背人類的理性及殘害人民的，它們會遭受人民的唾棄，而人類的理性只要一天還存在，這種暴政是仍然受到批判，直至它們覆滅，二次大戰說明希魔的暴政被消滅了。八九年至今東歐及蘇聯的政治改革說明了「史達林主義」的滅亡，人類理性的光輝又寫下光輝的一頁。

不過，「批判理論」對資本主義社會並不是姑息的，它也指出資本主義社會中，大企業的壟斷及財富和權力的不均，帶來社會種種的不公義和不合理的社會制度和生活方式，也是我們反省、批判和改革的對象。簡單地說，批判理論相信的是：人類社會只有兩個選擇——理性或野蠻主義。理性是人類整體幸福的實現，工業革命帶來物質富裕，第一次使人類有機會可實現整體的富足和永恒的和平；不過另一方面，資本主義制度創造的巨大社會財富和權力的不平等、更廣泛及深入的社會控制，更巨大的軍事摧毀力、自然環境更可怕的破壞，使人類存亡到了最後關頭。批判理論是要說明這些事實，及說服我們作出理性的抉擇，再刻不容緩了。

一九九一年十二月於香港

馬　庫　色

—— 馬庫色及其批判理論 ——

目　次

《西洋文學、文化意識叢書》總序

自　序

第一章　前言—馬庫色與批判理論的微妙關係

　　九十年代的今天，我們不少人還研究批判理論，可以說是有多層的意義。首先是批判理論，或又稱為「法蘭克福學派」的理論，到八、九十年代，還在發展，而當然這和現今還在學術世界極為活躍及有影響力的哈伯瑪斯 (Juergen Habermas) 有關，特別他在社會理論中，無論在理論的層次打開了不同的意義及有效的要求 (validity claims)，或在社會分析中，正面處理晚期資本主義的政治、經濟、社會和文化結構等問題，都推展了社會理論的研究。

　　不過，我們不能不承認另一個重要的事實，就是哈伯瑪斯的理論出發點和一些立場，都是和批判理論的第一代各位大師，如阿多諾 (T. W. Adorno)、班雅明 (Walter Benjamin)、霍凱默 (Max Horheimer) 及馬庫色(Herbert Marcuse)等息息相關的，要明白以哈伯瑪斯為首所帶導的九十年代批判理論最新發展，不能不首先了解批判理論這套社會及文化理論的重要論題、觀點和分析方法。因此，研究當前批判理論的嶄新發展，還是要假設我們對批判理論的整個傳統要有一定的認識。

不單如此，其實哈伯瑪斯如今發展的，可以說是批判理論的社會分析的一方面，特別是哈伯瑪斯透過對解釋學、結構功能學派的社會學、維根斯坦的語言分析哲學等的研究，結合他對批判理論的理解，而建構出來的一套「溝通的社會行動理論」(theory of communicative social action)。可是，無論在心理分析與社會、文學與社會、意識形態與社會、宗教與社會、大眾文化與社會、大眾傳媒與社會等課題上，都不是哈伯瑪斯關心和專長的地方；或許，這些重要的課題沒有被他帶到九十年代討論的議程上，也可能是因為批判理論的第一代大師們已經替這些課題勾劃出了一些明確的方法論、觀點和處理的態度，不需要發展和修改，只需要補充及在個別社會及文化中落實具體地解釋和分析而已。換句話說，無論是阿多諾、馬庫色或佛洛姆(Erich Fromm)對佛洛伊德 (Sigmund Freud) 的分析和解釋，阿多諾、馬庫色或羅文它爾(Leo Loewenthal 或 Lowenthal) 對美感、藝術和文學的研究，阿多諾、霍凱默、馬庫色等對意識形態的分析、晚期霍凱默對宗教的研究、或阿多諾、霍凱默及馬庫色對大眾文化的分析和批判等，都對九十年代的社會，有重大的意義，特別當阿多諾、霍凱默及馬庫色對大眾文化和意識形態分析和批判時，是五、六十年代高度發展的美國，那社會的發展階段和現今亞洲四小龍的高消費及物質主義的社會發展階段有些地方極相似。故此，正確地認識批判理論的文化及意識形態的理論，不單結合了哲學、社會學及文化思想的邊際或多學科的研究，也把理論及文化實踐連結在一起；此外，更對發展趨向成熟的亞洲四小龍的文化和社會現實研究，提供一些方法、觀點和批判。

讀者們相信有不少對批判理論是會有認識及有興趣的；而事

實上，無論英語、德語及華語世界中，批判理論都是哲學、社會學或文化理論中重要的課題之一，而在出版方面，無論是批判理論經典著作的出版和翻譯，或在二手資料介紹方面，英語和德語界是算極爲浩瀚的，雖然華語的學術界對批判理論經典著作出版得很少，這也當然和我們學術界同時通曉德語、熱心、有能力和訓練去翻譯原著的人極有限息息相關。不過，在介紹批判理論及收集短篇介紹的文章方面，還是有一定的數量的。在這些現實的條件和境況之下，要提供給讀者另一本有關批判理論、而特別又是馬庫色的批判理論的書籍，則需要確立目標和立場了❶。

　　筆者相信要深入認識及了解批判理論的方法，應該是從原著入手。不過，隨隨便便拿起一些阿多諾、霍凱默或馬庫色等的著作來看，是極難達到可以深入了解批判理論的效果的，雜亂無章地左看看、右看看，結果往往是學了一大堆術語，而對批判理論的了解欠缺完整的洞悉，這是時下學術圈子裡急攻近利而做成淺薄的現象。另一種慣常見到的情況，是不少人閱讀一些全面介紹批判理論的書籍，希望可以找到一點形跡構成脈絡，以了解批判

---

❶　近年英語界討論馬庫色比較好的書，分別爲

    (1) Douglas Keller: *Herbert Marcuse and the Crisis of Marxism*. (Berkeley: U. of Calif. Press, 1984)
    這是本最全面及深入討論馬庫色思想發展的書，而且觀點精確，大部分有賴資料研究及馬庫色的口頭資料。

    (2) Alain Martineau: *Herbert Marcuse's Utopia* (Montreal: Harvest House, 1986)
    這是集中討論馬庫色的道德及美感價值觀的書。

    (3) R. Pippin, A. Feenberg and C. P. Webel (ed.): *Marcuse—Critical Theory and the Promise of Utopia*. (London: Macmillan, 1988)
    這是較深入討論馬庫色各種哲學觀點的文集。

理論，或作爲深入原著的踏腳石，這種進路最大的問題，除了是從一些好的二手資料中看到一點面貌後，就覺得滿意外；就是因爲批判理論的理路駁什，和一手資料太繁多，而索性不敢追下去了。

筆者如今提供的方法，不一定是最理想的，但希望可照顧到幾種需要和解決一些問題。

首先是有系統地介紹馬庫色的批判理論，一定離不開要透過分析他的著作來解釋他的心路歷程及思想的意義。研究馬庫色的思想，是認識批判理論的途徑之一，也會使讀者藉這引介深入閱讀馬庫色的著作。事實上，筆者是希望以這本書來幫助讀者閱讀馬庫色的一些重要著作，讀者基本上可把這本書看成主要是透過解釋馬庫色的著作來分析他的思想，簡單地說，這是一本他著作的（或思想的）釋義。

但當它是釋義的當前，還要照顧的，是它涉及馬庫色的批判理論；故此，它會在重要及相關的地方，解釋馬庫色那些觀點，在那些地方和批判理論的其他大家相吻合。老實說，若從批判理論最中心的原素來看，馬庫色最初不算是中心人物，他在他的理論發展中，受過生命哲學 (lebensphilosophie，以狄爾泰 W. Dilthey 爲首的哲學) 及海德格 (Martin Heidegger) 的影響，但另一方面，還有盧卡契(Georg Lukács)及柯爾許 (Karl Korsch)而到他歸宗批判理論時，霍凱默及阿多諾對他的影響也很大。我們慣常把霍和阿看成是批判理論的中心人物，是正確的。嚴格來說，馬庫色的理論有很多地方是取材自霍和阿的，但往往加以發展及放在更具體的社會境況中解釋和運用，就這一點就很值得我們關心。不過，正因馬庫色的獨特文學和哲學的背景，特別是現

象學及存在主義，自然替他的批判理論蒙上獨特的色彩，及賦予了它獨特的角度，而到後來他在五、六十年代留在美國，更使他的批判理論添上更具體的社會關懷和取向。要找出馬庫色和其它批判理論的大師相同或相通的地方，而又要兼顧到他的特殊生活境況和關懷帶來的不同特點，是本書的宗旨之一。

此外更廣泛有意義的，是要解決一般人看批判理論所遭遇的困難。批判理論是當代一套集大成及綜合能力很強的理論，要明白批判理論的一些觀點，一定要追溯到西方哲學的源流，無論古希臘哲學、啟蒙時期的思想、理性主義、更重要的當然是德國唯心主義、馬克思主義、弗洛依德的心理分析和存在主義等，這都是批判理論取材、討論和批判的範疇。筆者是希望可透過解釋批判理論和傳統哲學各大流派思想的關係，來奠定讀者對它深刻的理解，而非單停留在一些術語和觀念的穿鑿附會之上。在這方面，馬庫色是個理想的人物，因為他比阿多諾及霍凱默更深受傳統哲學訓練的影響，更喜歡替自己的思想追溯源流上的解釋，而在他接觸的課題中，不少是和傳統哲學和思想有關的。若我們肯定阿和霍是批判理論開拓者，則馬庫色不失是批判理論的經學家，他處處使我們看到批判理論的深遠源流，肯定批判理論在哲學及人類思想的繼承和發展中不朽的地位。

最後，馬庫色的批判理論固然有它的特點，但也有它的弱點和突破點，一套理論的特點及特別的觀點，當然和它要面對解決的問題有關，特別是批判論理的關懷是社會及文化，而馬庫色的論理的特點，也正和他身處的種種不同社會境況和關懷有關。至於他的理論所包含的弱點，我們也需要找出合理的解釋，是否他因某些偏見或錯誤而做成這弱點？而突破又會是些什麼？對批判

理論及其它理論產生了什麼決定的影響？對人類的思想做出了什麼貢獻？這些都會是本書關心的問題。

最後，希望讀者能理解的，是筆者引用大量的一手及二手資料，全本的引文會相當多，這是忠於原作者思想不可避免的做法。事實上，筆者的選取當然是希望讀者在閱讀原著時，能注意到筆著認爲是原作者的中心思想所在，也往往是極爲精深，雖要種種的解釋。

在處理選引的文字當前，筆者遇到一些翻譯上的困難，翻譯本來就是很高深的學問，要翻譯哲學鉅著，更是不容易，但筆者盡量用自己的文字去做，特別若涉及英語之外的文字，主要當然是德文，一切就以德語原文爲主。文句方面，可能有冗長的問題，但筆者會提供必要的解釋，務求不失眞義，往往要放棄文采。

第二章　馬庫色與盧卡契的關係

　　馬庫色生長在一個極為興盛而動盪的時代，十九世紀末及二十世紀初德意志帝國在一八七一年出現後短短的二十多年間，把一個文化上還是多元，經濟上還是落後的幾十個封建國，轉化為一個歐洲心臟、舉足輕重的大國，在工業能力超過了法國，僅次於大英帝國，而一個本來是詩人、音樂和哲學家的國家，也忽然轉化成滿是孜孜不倦的工業家、工程師、商人和科學家的國度。

　　發展得如火如荼的工業革命，像是會帶來新的世界，一下子可以把制限著人的物質匱乏，完全打破了，使人真能得到自由。特別是達爾文 (Darwin) 的進化論，提出了人是高度適應性的動物，而文明也是不斷在進化、在進步。德意志帝國在統一、團結及忠君愛國的呼聲下，不單在科技，也在工業及商貿創下佳績。一切是像在不斷進步、不斷發展，是所有可能世界中最理想的似是。

　　可是，一次大戰把一切都打碎了，它證明了人類理性和人類的暴戾是在攜手同行的，科技的進步使戰爭更暴酷，更大的經濟體制的崩潰會帶來更大的物質匱乏及市民更大的災難。更多的市場競爭不單沒有帶來更多的利益，反而是更多的種族和國際間的

敵意和仇視。這一切迫使不少當代的哲學家重新反省西方文明的前境。

其實，早在一九一七年，當史賓格勒 (Oswald Spengler)出版他的《西方的沒落》(*Der Untergang des Abendlandes*) 時，就在導言裡說明西方文化是走向沒落的，特別是當西方人相信資本主義是無遠弗屆，在全世界擴展，它的物質主義，已經挖空了它的精神內涵，它是會和其它文明一樣沒落的。儘管史賓格勒強調他是在世界史找一種「形態學」，他強調的只是客觀的研究分析，而非對資本主義的好壞，下價值判斷，他的悲觀主義，的確是帶導了不少人反省西方文明的路向。特別他提出了「歷史的哥白尼革命」，把西方文化中心觀揚棄掉，而提示出文化發展的新路向 **❶**。

與此同時， 另外一個革命性的思想影響， 是來自 盧卡契 (Georg Lukács)。早在本世紀初， 盧卡契就在找尋思想家的角色， 在一九一〇年他出版他的短文集成《靈魂與形式》(*Soul and Form*) 一書時，他以寫給一位朋友的信作序言， 並在這序言中，說明他那撰文評論家 (essayist) 的角色「提供給作品對生命一種概念性的重整力量，而又可分辨出它和哲學那種最後冰冷的完美的不同。」**❷** 這階段的盧卡契，相信撰文評論家是個「批判者」，

---

❶ 參看 Oswald Spengler: *Der Untergang des Abendlandes Umrisse einer Morphologie der Weltgeschichte*, (Band 1) (第一卷) s. 24 p. 24 (München: DTV, 1977, 4. Auflage) 史賓格勒在這裡稱自己反西方現代文明中心主義的歷史觀點，是「在歷史領域中的哥白尼發現」。

❷ Georg Lukács: *Soul and Form*. (London: Merlin Press, 1974) p. 1.

在形式中看到生命的命運：批評論家最深入的經驗是形式
簡接及無意識地包含了靈性內涵。形式是他的偉大經驗，
形式——這當下的現實——是形象原素，是他著作的眞正
生活內容。這形式本來源於一種象徵思維的生命象徵，透
過經驗的力量而得到一種自己的生命，它會成爲一個世界
觀、一個觀點、一種面對它起源於生命之內的態度：一種
改造生命及創造生命的可能性❸。

　　他相信人類只能靠反省和批判、建構和重新解釋生命的種種
經驗，來推展文化及社會的進步。

　　在一次大戰期間的他，對文化及社會，開始採納了一個較爲
悲觀的立場，特別是他對文化建設的失望，他這階段關心的問
題，是西方文化悲慘命運的根源。儘管他的野心並不大至要全面
檢討西方文化及社會出現的問題，但他相信單從文學作品入手，
它的發展演變就足夠反映西方文化不同階段的一個面貌，而這方
面的理論可以說是建立了西方馬克思主義的新基礎。

　　《小說理論》（*The Theory of the Novel*）就是盧卡契在
這階段偉大的著作，他承認他在這階段是深受黑格爾的影響，而
感懷著對時代的失望，「它是在一種對世界當時境況表現永恆失
望的情緒下寫成的」❹。隨同他對戰爭的反感，是他對資本主義

---

❸　Georg Lukács: *Soul and Form.* p. 8.
❹　Georg Lukács: *The Theory of the Novel.* (London: Merlin Press, 1978) p. 12.

社會的反感，而伴同他對文字形式和歷史發展的批判，是他對資本主義的意識形態及社會建制的批判。盧卡契強調思想和社會實踐是相呼應的，思想和現實的關連，構成是黑格爾所理解的整體（totality），而「小說形式的問題是一個脫節了的世界的鏡中倒影」❺。

不過，盧卡契所展示的現實及整體，和黑格爾的理解大不相同，黑格爾相信藝術是現實破碎的生命的一種精神重整，而盧卡契心目中的小說：

> 那生命的文章只是多種病徵中的一種，表明的事實，是現實再不造就適合藝術的土壤❻。

《小說理論》最大成就，是指出人類思想、藝術和社會的緊密關連。古代社會中的史詩，是人類對生命的直接理解，（儘管這只是小撮的社會精英及文化優越者），象徵人與自然（也包括社會和文化）的契合。但隨著資本主義社會的出現，社會分工帶來了人類生活的分裂和孤立，理想和現實、道德和慾望、整體和個人等的分裂，這些成爲了人類要克服的最重要的問題。小說的出現，就正正反映了這動盪分裂的時代的種種特徵，它除了因科技的進步，以印刷取替了口傳和書寫，使音韻和節奏爲中心的史詩轉形爲文章的體裁外，也由於對世俗生命分裂的感應，而轉爲傷感和失落的形態，喪失了史詩的純眞。盧卡契眼中的小說，

---

❺　同上，p. 17.
❻　同上，p. 17.

並不再關乎任何自身當下完備的形式世界。這不是出自藝術，而是歷史和哲學的原因：自發存有的整體已經再不存在了，……再沒有現實，而最多只有它扭曲了的形象❼。

　盧卡契對西方文化的發展，有兩重意義的理解，首先是他和席勒 (F. Schiller) 與黑格爾的理解一樣，相信在古代希臘文明中，人與自然是一致的，無論席勒強調古希臘文化的純眞❽，或黑格爾相信古希臘文明的直接性 (unmittelbarkeit，英文 unmediated) 卽是生活信念和現實的一致性，都是肯定希臘文明的價值觀和信念，與現實生活是契合的。因此，正如盧卡契所言：

　　存有與命運，冒險與成就，生命和本質，那時是一致的觀念❾。

在這種生活形態中，一切是簡單直接的：

　　知識是揭開一面面紗，創造只是抄襲永恆的本質，道德是對生命道路完美的認知……❿。

❼　同上，pp. 17-18.
❽　Friedrich Schiller: *Naive and Sentimental Poetry/On the Sublime.* (N.Y.: Ungar, 1966.)
　　席勒提出希臘人童眞的天性，每一個人是社會整體的反映，這童眞 (Kindlich, child-like) 象徵著每個個體是完備的，包含著所有的潛質，這和低貶義的童稚或幼稚 (Kindisch, Childish) 的意義不同。
❾　Georg Lukács: *The Theory of the Novel*, p. 30.
❿　同上，p. 32.

在這文化階段中的史詩， 正好反映這種 純眞的世界中 的英雄主義，史詩英雄的一切活動，早是已經由上天安排好了，地下的實現，只是永恒本質的演繹而已。

不過，到了資本主義社會的出現，人類文化就走進了另外一個新階段，席勒稱這是「感性」(sentimentalisch，英文sentimental) 的階段。席勒提的感性(sentimentalisch)， 並非激情(sentimental)，而可惜英文只有 (sentimental) 一字，席勒心目中的「感性」，不是單指個人內心的情緒衝動，或是感情潮湃，而是一種人與人的社會關係轉變下新的情懷。

席勒在《討論人的美感教育》一書中，就提到古代文化中的人類和現代人的分別，希臘社會中的個體，是完整的，

> 無論是完備的形式和內容， 又同時是哲學的、 有創造力的、有觸覺及活力的，希臘人結合了年青的想像力和男性般的理性在一起，成爲一種人性光輝的表現⓫ 。

可惜的是， 「經驗知識的增加」及「國家機器的膨脹」， 使簡單和諧的人性，出現了分裂，儘管現代個人在某方面有出色的特長，但其它可能的潛質及表現，就受到了壓制。席勒心目中的古希臘，像是個極純眞的世界，每個城邦中的成人，都是自由自主的，但隨著文明的發展，

> 那有機體一樣的希 臘城邦中， 每個個體都 享有獨立的存

⓫ F. Schiller: *On the Aesthetic Education of Man.* (Oxford: OUP, 1967) p. 30 德文／p. 31 英文。

有，但在有必要時，可組成一個完整的有機體；如今它要讓位給一個巧妙的機器，它透過連繫起無數無生命的部份，結果成為一個機械般的集體生命形式⑫。

在這現代的集體及高度分工的社會形式之下，人性的「割離」也明顯出現了。

國家與教會、法律與習俗被扯離了，工作和它的喜樂也分離了，手段脫離了目的，努力脫離了報酬⑬。

席勒關心的，是現代人如何可以回歸到原來的圓滿，人和社會的和諧，他相信現代社會中，正因人性的疏離而出現兩種追求：

當我們以前還只是自然的兒女時，我們享受幸福和完善；我們成為自由，而失去二者。因此出現了兩種及非常不相同對自然的追求，對它的幸福和對它的完善的追求。官能的人痛惜失去了前者；只有道德的人才會痛失後者⑭。

盧卡契和席勒一樣，相信現代文明帶來了人類生命的割離，要一種對現實生命的超越，才可以克服，達到重新的圓滿。但《小說理論》期間的盧卡契，並不像席勒一樣，相信美感的教育，可使人達到完滿。相反，他集中討論小說類形及其發展，如

---

⑫　同上，p. 34 德文／p. 35 英文。
⑬　同上，p. 34 德文／p. 35 英文。
⑭　F. Schiller: *Naive and Sentimental Poetry/On the Sublime.* p. 100.

何反映出生命的制限，特別是理想和現實的差距。無論是唐・吉
訶德 (Don Quixote) 的「抽離理想主義」(abstract idealism)，
希望回復中古武士精神及人際的和諧等社會道德理想，以改變資
本主義的個人貪婪自私的心態，結果只是被人利用和嘲笑，而徒
勞無功；或是「感性教育」式的「幻滅的浪漫主義」(romant-
icism of disillusionment)，對幸福的期望，因人性的紛亂而不
斷調低至無奈的失落。這一切都反映出個人的理想和命運，都在
割離的社會關係之下，不再控制在個人的手上。

盧卡契承認他在這階段對

> 戰爭的抗拒，及和它一起對當時資產階級社會的抗拒，是
> 純然烏托邦式的，沒有什麼東西，甚至只是在最抽象的智
> 性思維上，能幫助調和我主觀的態度和客觀的現實[15]。

無論我們看待盧卡契《小說理論》中理解的理想和現實的差
距，是當時社會進步思想批判資本主義社會的基礎，或是當時社
會意識的客觀反映也好，他的思想的確提供給當時社會及哲學思
想一個極有意義的臺階，幫助推動了左派思想的開展。

馬庫色的批判理論和阿多諾都一樣，是在深受盧卡契《小說
理論》中理想和現實之間不協調的主導思想所影響下，發展出一
個理論探索的路向。馬庫色的學術生涯中的轉折點很多，除了
早期受盧卡契《小說理論》的影響，對德語世界的藝術家小說
(künstler-roman, artist novel) 有深入研究外，還在胡塞爾的

---

[15] Georg Lukács: *The Theong of the Novel*. p. 12.

「現象學」及海德格的「存在主義」方法論中下過功夫。不過，馬庫色的個人思想及理論，並也在獨立的個人聲望上，在一九三二年，才得到新的突破⑯。

---

⑯　關於馬庫色博士及後博士論文，分別研究德國文學家小說及以海德格哲學解釋黑格爾的本體哲學，可參看 Douglas Kellner: *Herbert Marcuse and the Crisis of Marxism* 一書第一及第二章，可得較詳盡的解釋。事實上，馬庫色在二十年代，是嘗試以海德格哲學來發展一套對馬克思主義的解釋，但筆者相信他在這方面的成就極有限，這當然和海德格哲學的制限（或其關懷的問題的局限性）有關。

第三章　馬庫色所理解的
馬克思主義

　　一九三二年一件轟動的大事，是馬克思一八四四年於巴黎完成的手稿，終於出版了。出版這些早期馬克思主義的著作，最大的意義，是補足學術界對早期馬克思思想的了解不足處。無論是主張經濟決定論的教條馬克思主義，或是以盧卡契及柯爾許 (Karl Korsch) 帶導的「整體哲學」(philosophy of totality)，似乎都不太理解馬克思，如何看待歷史及社會演變中人性的問題，而一八四四手稿可算是在這方面的補足。

　　馬庫色在一九三二年閱讀完了這新出版的手稿後，成為學術界最早寫了回應的一個，他的文章〈歷史唯物論建基的新泉源〉可以算是對馬克思主義中的人文主義精神，一個詳細的解釋。他認為馬克思的〈一八四四經濟及哲學手稿〉最特出的地方，「是在處理對政治經濟學的哲學性批判，及把這批判看成是一個革命理論的哲學基礎。」❶

　　傳統哲學最大的問題，是把政治、特別經濟問題，看成是在

---

❶ Herbert Marcuse: *Studies in Critical Philosophy*. (Boston: Beacon Press, 1973). p. 3.

哲學討論範圍之外的問題，但對黑格爾及馬克思來說，經濟及政治均肯定更具哲學意義的問題在背後，就如馬庫色解釋馬克思時說：

> 我們要看到及理解，透過一個對人類存在及它的歷史滿全相當特別的及哲學的解釋，經濟及政治成爲革命理論的經濟及政治的基礎❷。

　　馬庫色理解的馬克思主義，是一套實踐的哲學，這哲學包含了對人性的理解，但這人性不是歷史的本質，不是一種永恆的本質，而是要透過實踐在歷史完滿的。而這歷史發展及人類滿全，是基於社會上人與人具體的政治及經濟關係，而並非抽離一切歷史及社會現實的發展或滿全。

　　馬庫色把馬克思主義的最重要的任務，看成首要是對英國古典政治經濟學的批判。古典政治經濟學最大的問題，是把自己看成是一種科學，或是一個涉及人整個存在問題的科學表達方式。馬庫色認爲馬克思提 的政治經濟學批判，「是要批判那種對完全割離及低貶資本主義人類現實的『科學』論證或蒙蔽。」❸這種「科學」方法把我們人類生活的現實看到是被「分工、資本及土地」所決定的，也同樣受不人道的分工、競爭及私有財產所決定。它把人類歷史及社會的存在化成爲錢及商品的世界。

> 由於勞動者和他的勞動被割離，人的基本能力的實現，成

---

❷　同上，p. 4.
❸　同上，p .5.

爲了他們生活現實的損失；客觀世界不再是「眞正人類的
產業」，不再是整個人性自由活動和自我肯定的範圍，及
「自由行動」的安排。客觀世界成爲私有物件的世界，可
被人擁有、應用和交換，而它看來不可改變的規律，連人
類也要服從。簡單地說，是死物普遍駕御人類❹。

馬庫色將馬克思的政治經濟學批判放在三個不同的概念中分
析：（一）割裂 (alienation)，（二）異化 (estrangement)，
（三）物化 (reification)。

簡單地說：馬克思要分析的，是資本主義社會裡，生產者在
失去對生產工具的控制後，生產變成一種割裂的關係，而生產者
也漸漸和生產及社會制度對立，而在生活關係中，生產者反而受
控在「客觀」的經濟市場及社會政治的規律之下，成爲社會裡受
控制及支配的「物件」。而馬庫色透過他對馬克思一八四四手稿
中「勞動」這概念的分析，展示了資本主義社會的本質及改革的
取向。

馬庫色強調，馬克思的手稿中，最關鍵的觀念是「勞動的形
態」及「工人在資本主義社會中的生存形式」：

　　（他們工人）是完全脫離生產工具及脫離他們勞動的成
　　果，這成果變成了商品。而薪金也平衡在生存的底線間，
　　工人的勞動是被割離在他的「人性的現實」之外❺。

馬庫色把這種社會關係，

---

❹　同上，p. 6.
❺　同上，p. 7.

不單看成只是經濟事態，而是人性的割裂，生命的貶值、是人類生活現實的扭曲與失落❻。

由於馬庫色對黑格爾非常熟悉，他毫不含糊地把黑格爾心目中的「割裂」及「異化」概念和馬克思的理解對比起來，黑格爾把人類歷史區分爲客觀的 (objective, in-itself)，主觀的 (subjective, for-itself) 及綜合主客的或絕對的 (in-and-for-itself, the absolute)，也卽是由希羅文化轉到中古及主觀唯心主義，到他的客觀唯心主義，成爲主客的綜合。這種由人類接受客觀現實，是自然的兒女，（特別在古代社會，人是和社會一樣，同是自然的部份），轉化到人的靈性和自然及社羣的對立，感覺到個人和整體的割離，對黑格爾來說，是種最明顯不過的歷史精神的本質，而到了他的「追溯」式哲學 (erinnerung, internalization)，人認識到了 (anerkennen, recognize) 自己的不同歷史階段的本質，而成爲歷史中的主人，首先透過掌握歷史的本質而明瞭及掌握自己及整體的歷史命運。歷史的滿全是由於人性的不自覺到自覺割離，再透過在反省中自我完滿，在他心目中實現了。這種滿全在馬克思的理解下，只是種唯心的滿全，以爲歷史完滿只是哲學家的構思和理解，只是種哲學家對客觀歷史實現的認定，難怪黑格爾在《法哲學》(*Philosophy of Right*) 中的序言，強調哲學家只是在灰色中鬆灰色，而哲學家在歷史舞臺，永遠是遲到的，因爲他的工作是在思想上整理現實上實現了的一切。

---

❻ 同上，pp. 7-8.

　　馬克思相信的，不是哲學在概念上處理現實完成的一切，而是要批判既定現實的一切，特別是中產階級的意識形態。馬克思主義及馬庫色所代表的批判理論，都對資本主義的個人主義社會表示極度的批判態度，在他們眼中，資本主義強調的個人自由只是抽象的，在自由背後是肯定了一切社會中既得利益者的利益和特權，以延續不平等及甚至製造社會更大的不平等，而黑格爾所代表的反省，只是哲學家對這現實的個人無奈的接納及「理性化」而已。故此，對黑格爾的批判，也就是對資本主義社會個人中心的思想之批判，而結果是一種有實踐意義的理論。

　　馬庫色理解馬克思一八四四手稿中，最重要的突破，是把歷史看成是勞動人民所創造的。有趣的是，在這問題上，黑格爾和馬克思主義也有相近之處，年輕黑格爾也曾研究過英國政治經濟學，也理解到資本主義的特色，在於生產力的解放及自由市場的推動力。而到了他寫《精神現象學》的階級，也把勞動提到很高的地位，在他這本巨著的《自我意識》(*Selbstbewusstsein, Self-Consciousness*)一章中，就強調自我意識間的衝突及爭持成爲建立自我的階梯，結果出現主人和奴隸的關係，但主人耽於逸樂，只有奴隸在勞動之中實現自己的本質及發揮自己的創造力。不過，黑格爾把這主人和奴隸的關係，只放在古希羅的歷史階段中，是人的精神發展的一個階段而已。但是，馬克思及批判理論的學者，就把勞動看成是人的眞正內涵：

> 　　人若能實現一些客觀的東西，就是能實現自己的本質，這是用他的本質上的能力來創造一個外在的、物質的及客觀的世界❼。

　　勞動成爲了人「存在的肯定方式」。因爲人類歷史的發展和
人類社會的物質條件的發展是息息相關的，因此馬克思及批判理
論的學者，都相信人的本質和他的歷史發展及歷史上不同的社會
生產模式，也就不可分割。換言之，人的本質就只是歷史的不同
發展中表現的本質，而這些不同歷史階段也就是社會生產的組織
方式。在這種觀點之下，馬克思主義及批判理論又要重新釐定人
和自然的關係了，「自然」只是一個抽象的假設，在社會發展中
不斷轉化。

　　一般傳統唯心主義，都會假定一個自然，和人的心靈對立起
來，起碼自然是一種設想，一種思想基本的假定。馬克思在這階
段中，把自然和人連結起來，自然不再外在於人，「歷史只是人
的自然」，自然是人的活動成果，和人一同成長及在勞動中一併
實現。

　　強調勞動及人的自然，使唯心主義推崇的抽象思維失去神聖
的地位，轉給人感官的能力更高的地位。事實上，由費爾巴哈到
馬克思，都一直強調感官經驗，是一切活動（包括思維活動）的
根源。但馬克思並不停在感官能力上，否則他只會是個經驗主義
者，他更關心的，是勞動和感官能力容許的接收（perception）互
相滲透，使接收和實現一同出現，馬庫色解釋勞動的字眼是「生
命的活動」（life-activity），說明「人透過勞動，體現了苦痛及
需求，同樣普遍性及自由。」❽ 馬庫色解釋馬克思理解的勞動，
有三層意義：(a) 透過勞動，人超出了客體的物性，他把物件塑
造成爲他生命中的工作或媒介。(b) 他把自己存有的形式加於客

----

❼　同上，p. 14.
❽　同上，p. 22.

體之上，使它們成爲他的工作及現實。(c) 透過塑造的過程，他也實現了自己。

在這階段，馬克思所強調的勞動，是「人性自然化，及自然人性化。」也卽是說，人的勞動，是自然的一部份，是人的天性最重要的部份，並沒有也不應有神秘的意義；而另一方面，自然透過人的勞動，成爲人的部份，馬克思理解的原始生產模式中的工具，可以算是自然成爲人手腳的延伸，而資本主義早期發展的能源，也可算是人畜能力的延伸，以至如今的高科技，也只是人的思維及言語的延伸，勞動使自然的部份，擬人化來滿足人類的需求及自我實現。從這角度，人的感官接收、認知和創造力，是在勞動之中，變成完備的。

不過，馬庫色解釋馬克思所理解的勞動，並不是一個個人的活動，而是一種社會集體而又分工的活動：

> 類屬的生命 (species life) 的客觀化：並不是孤立的個人在勞動中活躍，因爲勞動的客觀性並不是孤立的個人或眾多的個人的客觀性——而是正正在勞動中，人性的普遍性才實現❾。

馬庫色所理解的勞動客觀性是說明：

> 勞動本質上是個社會的活動，而這樣客觀化自己的人是基本上社會的人。勞動表現裡的物件領域是正正共同生活的

---

❾　同上，p. 23.

> 領域：透過並存在於這勞動的物件中（客體中），人性在
> 他們互相的生活現實中表現出來。溝通的原始形式及人與
> 人的基本關係，都表現在共同對客觀世界的應用、擁有、
> 慾求、需要及享用等⑩。

簡單地說，馬庫色相信人的本質是社會的本質，是在人具體活動
中表現和實現的，這不是個人的，或個人與個人之間的關係，而
是一個複雜的社會關係，箇中充滿種種複雜的形態，就如他說：

> 所有勞動是人與人、人為人及人對抗人的勞動，在這裡人
> 互相之間表現了他們的實質⑪。

馬庫色透過勞動的觀念，來解釋人與人的合作、分工及互惠
互利，也解釋人與人的社會對抗，帶來不公平、不義及鬥爭，
而這一切就是人類的歷史。因此，自然和歷史就一併被串連起來
了：「人類的歷史是同時整個自然的進程；他的歷史是整個自然
的生產及再生產……。」⑫

驟眼看來，馬庫色和馬克思一樣，都把勞動看成是極正面的
活動，不單是人性的實現，也是自然、歷史和社會的表現，那
麼，社會裏的人只要在勞動，人性和社會不就是在發展嗎？自然
和歷史不就在前進嗎？那還有什麼問題？可是，馬克思及馬庫色
都相信，人與人一起勞動的社會，不是沒有問題的，而是往往有

---

⑩　同上，p. 23.
⑪　同上，pp. 23-24.
⑫　同上，p. 24.

很多的問題，而問題的表面就是人與人之間不合理的社會關係。

這裡需要引申的，是馬克思在一八四四手稿的時期，還沒有全面檢討人類發展史的整個歷程，他並不像一八四八的「共產黨宣言」時期那樣，一開始就強調人類的歷史一直是階級鬥爭的歷史，由奴隸奴隸主到封建農奴到貴族，再到工人和資本家。但基本上，在一八四四的時期，馬克思已經抓著資本主義社會裡的剝削關係，來做他對資本主義社會的批判中心。其實這裡有好幾組問題要解答：首先是資本主義社會在什麼意義之下，是比奴隸社會及封建社會進步？若果真的進步，為何還要批判？在這階段，我們可初步解釋說，從生產力的發展來說，資本主義社會開發了自然能量、大型機械，是比較奴隸及封建主義的社會，更加在科技上進步，而壓迫方式也由極粗暴奴隸時期的個人擁有，到封建時期生活擁有（封建主可支配農奴生活的一切，雖然在神跟前他不可取去兄弟的生命）。到了資本主義社會，資本家基本上只是能支配工人的一段生活的時間——工作時間。可是，從另一角度，工人被割離的情況，可以說比以前任何一個歷史階段更嚴重，因為無論在奴隸及封建社會中，奴隸及農奴均自己把持生產工具，在生活上也有自己的生活方式，但在資本主義社會，工人是一無所有，沒有資本家及生產工具，根本不能生活。而且，生產活動也是往往被資本家的要求、機器的操作及貨品市場的競爭等規律所支配，自己完全失去了主動性。以這觀點看，資本主義的壓迫可能是更嚴重的。此外，馬克思在「共產黨宣言」中也提到，資本主義是個無遠弗屆的體制，為了爭奪原料、廉價勞工及市場，要征服世界每一角落，使全世界納入資本主義社會的體制中，若這個巨大的體制出現問題，受害的會是全世界的人，不若

以前奴隸及封建社會，各自自成一角，禍害也相對減少了。

不過，支持資本主義的理論家，所持的論點是：資本主義式的分工，儘管做成不公平，但在這不公平的社會中，連最少的一個工人，生活也可比原始社會中的酋長富裕，社會的財富，也會在資本主義社會中多很多❸。

我們目前不需要在這階段全面處理馬庫色看待社會演化中壓迫與整體幸福之 間的問題， 馬庫色在五十 年代透過對弗洛伊德 (Sigmund Freud) 心理學的理解，會提出一個社會心理學層面的解釋，來補充現今階段馬克思主義的不足。在這裡我們只需要理解馬克思如何透過勞動的割離，來解釋資本主義的不義及不合理性，而這觀念也含蘊著馬克思在共產黨宣言中批判一切歷史階段中社會不義的形式──勞動者不能自由自主地做社會生產的勞動工作， 這包括自己擁有及支配生產工具、 調配生產時間及生活方式、擁有及支配生產成果等。

馬庫色同意馬克思對資本主義的批判，是基於資本主義社會的工人，既不能擁有生產工具、也不能調配生產時間和程序（只能依工廠生產的指標規定），更不能擁有生產的成果，這一切被統稱爲勞動的割離(estrangement of labour)，本來應該是自由自主的活動，在資本主義制度之下，工人在工作中，只成爲制度、甚至機器的附屬品，而在成果分享上，也被剝奪了權利。最後，人只剩下了自己原始的動物性：

---

❸ 早在英國社會 哲學及政治經 濟學萌芽期， 洛克（John Locke）就提出這論調， 強調土地 兼併及市場交 換可使社會 累積更多財富，使工人的生活比美洲印第安的酋長更好。 （參看他的 *Two Treatises on Government* 的 Second Treatise, Section 41.）

結果，人只覺得自己自由的活動，是在他的動物功能上
——吃、喝、生育，或最多在居住及衣著之上，他在人的
功能上的表現，使他覺得只是像動物。本來是動物性的變
成人性，本來人性的變成動物性⓮。

這種不仁道的社會關係，根據馬克思的理解，是來自私有財
產，私有財產製造了社會極度的不平等，及延續或加劇這種不平
等。在英國古典經濟學中，馬爾薩斯的人口論及利卡多的工資鐵
規律 (iron law of wages) 都說明英國古典經濟學家相信私有
產權是不可更替的事實，也如馬克思了解，是思想的僵化假設。

馬庫色解釋馬克思對私有財產的批判說：

> 在私有財產的條件下，可被應用的客體就是財產，而這用
> 途是當下消費或其可轉化爲資本的能力。生命的活動變成
> 服務財產，而不是財產服務自由的生命活動。被支配的不
> 是人的「現實」而是作爲物件（貨品及商品）的客體，而
> 卽使這種支配也是片面的：它是被限制在人的肉體行爲及
> 在可立卽提供滿足或轉化爲資本的客體之上⓯。

要改變這割離及物化，是要針對私有財產制度，馬克思在
一八四四並沒有具體提到要工人搞共產主義運動，他只透過對黑
格爾的批判，來說明歷史的完成，不是在哲學家對時代的反省，
而是透過社會實踐，但實踐的方法和策略，則不單馬克思在一八
四八年的「共產黨宣言中」沒有結論，到他生命的終結也沒有提

⓮ Herbert Marcuse: *Studies in Critical Philosop* p. 27.
⓯ 同上，pp. 32-33.

出任何結論。

　　無論如何，馬庫色對馬克思一八四四手稿的解釋是極為精到和細緻的，也奠定了他把馬克思主義看成是人本主義的基本立場，不過，這階段的分析還是為了建構更多的問題，多於找到了什麼答案。首先是歷史階段的問題，馬庫色要解釋「社會進化」的模式；此外，無論希羅哲學、中古神學、啟蒙時期的思想到二十世紀的哲學理論，都是社會不同階級的思想成果，它們和歷史及社會發展構成什麼關係呢？最後，馬庫色也要看待評價列寧及史達林 (Joseph Stalin) 提出的一黨專政及史達林主義 (stalinism)的社會「實踐」策略。什麼是批判理論的「烏托邦」呢？要什麼方法及實踐策略來完成呢？馬庫色思想隨著而來的發展，是以哲學的探討方法，來檢定傳統哲學的地位和意義，特別是透過批判理學的理解角度，替傳統哲學找尋一個「理性的核仁」。

一點總結

　　筆者相信馬庫色在這階段解釋馬克思主義最大的成就，是強調馬克思主義和西方傳統哲學的決裂，馬克思主義不是一種由理性主義或經驗主義哲學、主觀唯心的知識論或客觀唯心的形上學等來建立的理論。馬庫色解釋的馬克思主義的主旨，是安放在一個生活及實踐的基礎上，無論人的感受、感官、自覺和認知等，都和人類整體生活、歷史、社會和經濟發展有關。簡單地說：哲學理論不是建基於個人的知識或形上反省，馬克思哲學的觀念是人與人互動的成果。

　　這方面我們可以把馬庫色所理解的馬克思主義和維根斯坦的哲學比擬，如維根斯坦所說：

語言遊戲的源頭及原始形態是一個反應；由這些方能長出
更複雜的形態。我想說：語言只是精化，在太初有行動
⑯。

經過維根斯坦語言哲學的洗禮，我們今天都理解到感受、官能、
認知和需要，都是社會中人與人一起生活互相建構成的，不是
唯我探索或個人直觀及思辯可得來的。小事如偏頭痛，大事如
社會價值觀，都是人與人互相溝通理解得來的，沒有人類社會的
溝通方式，就很難想像有我們的感受、觀察、信念、理解等特定
模式。問題只是，當馬克思賦予經濟生活（人類物質存在）一個
極重要及對社會 其它體制決定 性的模式，為何到十九世紀末竟
發展出一套經濟決定論？馬庫色對這種決定論的立場的回應及批
判，是極為重要的理論環節。畢竟，無論馬庫色、馬克思及維根
斯坦，都把哲學推到理性的高峯，透過人與人生活的種種基本關
係、反應和互動，來解釋人類社會種種信念和價值觀的體系，及
其構成的意義。

---

⑯ Ludwig Wittgenstein: *Culture and Value.* p. 31. (Oxford:
Blackwell, 1980)
這裡維根斯坦引用歌德（Goethe）在浮士德（第一部分）中，浮
士德對世界本源的理解，不是語言，不是心靈，也不是力量。（
參看浮士德‧第一部分‧1225-1237行。）

第四章　國家與權力、政治與社會

　　德國威瑪共和國時代（一九一九至一九三三）是一個極為澎湃和動盪的年代，當時政治從保守的帝國時代解放了出來，走向多元化，但政治舞臺上由極左的共產主義（其實只是列寧及後來史達林主義的傀儡），到社會民主、自由黨派、偏右的國民黨派、中央派（天主教會勢力）及極右的納粹，都互相爭持。雖然這時期的社會思想和科技成就均很豐富，但政治上的鬥爭及社會上的動盪是可怕的，特別是一九二二到二三年的經濟通漲，使美元對馬克由一九一九年初的一對八點九下降到一九二一年七月一對七十六，到一九二三年一月，已經跌至一萬七千九百七十二馬克，而到了十一月十五日，一美元兌換四萬二千億馬克這天文數字。從這個時間開始，極左和極右都相信自由主義一定失敗，要一黨專政來解決政治及特別經濟的問題。可幸其後的二十年代還算是好的日子，另一個打擊是三十年代初由美國經濟衰退引發的衰退和大量工人失業，到了三○年二月，失業人數高達三百五十萬，最後一次政治大聯合在三○年三月二十七日瓦解，德國政治陷入右派的掌握，到最後讓給了極右的希特勒。

當一九三三年希特勒上臺時，右派人士把他看成是自己手中的傀儡，以打擊左派勢力。而左派方面，機會主義的史達林認識到自己策略上的錯誤，要求共產黨和一向被視爲資本主義走狗的社會民主黨合作，但爲時已晚，納粹把各反對勢力逐步毀滅，建立一個極穩定而又有羣眾基礎的政權。

在這種政治境況之下，批判理論被迫對這個令人窒息的時代作出反省：爲何自由資本主義衰敗之後，會出現納粹及史達林主義式的極權政府？工人爲何失去了馬克思樂觀地相信的社會主動性及革命意識，成爲極左或極右政權的支持者？納粹及史達林政權的本質是什麼？社會發展還有什麼趨向及樂觀的前境？

馬庫色在三二年加入了法蘭克福的社會研究所 (Institut der Sozialforschung, Institute of Social Research)，被派到日內瓦的分部，而當時霍凱默 (Horkheimer) 等已經計劃在必要時從法蘭克福遷走。

一九三四年，馬庫色在《社會研究期刊》 (*Zeitschrift der Sozialforschung*) 中刊登了〈在國家集體主義觀裡與自由主義的鬥爭〉(The Struggle Against Liberalism in the Totalitarian View of the State) ❶ 這篇文章探討的，是自由資本主義如何在理念上，可改變爲極權主義?

自由主義強調理性、理性地追求生活目的和利潤、倡導個人自由、個人自由的決定及中產的社會穩定、經濟的優先地位、市民社會的最高意義、社會中的個人及集體的關係。相反法西斯主義強調血脈的原始力量、種族、榮譽、民族中人與人的團結、有

---

❶ 原文英譯刊在 Herbert Marcuse: *Negations* 一書, pp. 3-42. (Middlesex: Penguin, 1972)

機的整體、勇毅及野心、政治優先性、國家高於市民社會及民族先於個人及集體❷。

(一) 英雄主義的出現

資本主義最自由的發展階段當中，大哲學家洛克（John Locke）、盧騷（J. -J. Rousseau）及社會思想家皮恩（Thomas Paine），都相信個人及社會集體，是社會的主人，政治家只是人們的公僕，英雄在理想及理性的社會秩序中，是沒有用途的。自由主義中的社會主人翁，是小商人、小資本家、地主及店東等。大家在自由市場及自由競爭中努力，替自己及社會製造財富和繁榮。

可是，到了十九世紀末，由於資本主義的壟斷，大企業的出現，小生產者及商戶等，蒙受極大的威脅，加上國際上國與國對海外市場、平價原料及勞動力的爭持，使民族意識提高到敵對層面。再加上社會工人階級的運動，使小市民階層感到失去安全感，英雄成為他們在帝國主義戰爭的威脅、經濟在壟斷下的波動起伏，及社會運動下，唯一的新寄望，特別經歷了通漲及蕭條後的德國。

(二) 生命哲學和自然主義

根據馬庫色的理解，這種英雄主義的根源，是從尼采及狄爾泰（W-Dilthey）為首創導的生命哲學（lebensphilosophie, philosophy of life）而來的，開始是對冷漠的自由資本主義社會中的個人中心、冷漠唯我的計算和功利的理性的否定。生命成

---

❷　同上，p. 3. 筆者解釋文上提到自由資本主義和法西斯主義之間的意識形態的對比。

為最高的原則，否定一切「客觀」的理性及分化的不同社會利益層份。

這種生命哲學把社會帶動到一種非理性的自然主義 (irrationalistic naturalism)，這和傳統的啟蒙自由主義，大相抗庭。自由主義相信社會是（特別是市民社會）人的自由組合，基於自己個人目的的實現，而國家的出現也只是為了實現每個個人的利益，特別是經濟上的自由自主的利益。因為，國家及政治只是種手段，以延續及擴展個人的幸福和保障個人的尊嚴。但這種非理性的自然主義就不同了：

> 那對歷史及社會進程的解釋，被當做一種自然有機的進程，走到現實（經濟及社會）歷史動力背後的永恆及不變的自然領域❸。

這個「自然」被賦予了神秘的力量，高出一切個人的構想和計算，成為歷史巨輪的原始動力。「自然，作為原始的，也同時是自然而然的、真實的、健康的、有價值及神聖的❹。

（三）理性與非理性的普遍性 (Universality)

馬庫色在這篇文章中最精到的，是他比較自由主義和極權（法西斯）主義思想的異同，而不單反映出這兩種思想轉化的原因及歷程，也彰顯出一種理性的及批判的社會思想的要求。

自由主義和極權主義最大的差別，是兩者對社會及國家基礎

---

❸ 同上，p. 5.
❹ 同上，p. 6.

的不同理解，自由主義強調社會最後的基礎是一個個自由自主，
也天賦理性的個人——每個個人的活動就如萊布尼茲 (Leibniz)
在《單子論》(*Monadology*)所提的單子，是獨立自決的，儘管社
會最後還是有一種「先設的和諧」(preestablished harmony)。
可是，極權主義的思想所肯定的，是一個「課題上神秘化了」的
「整全」，由個人的神性不可侵犯的自由、尊嚴轉化爲一種「英
雄民族的現實主義」。在這個課題或思想體系之下，自由主義成
爲它的攻擊對象，自由主義等同了「一七八九的思想」、「差勁
的人道主義及和平主義」、「西方知識份子思想模式」、「自我
的個人主義」、「爲不同社會團體的利益衝突而對民族及國家做
成的犧牲」、「抽象及妥協的平等主義」、「多黨制政治」、
「毀靡的經濟體制」及「具毀滅性的科技主義及唯物主義」❺。

　　馬庫色相信這些污蔑自由主義的新代用詞，都本來和歷史上
眞正的自由主義不相干的，他認爲這只是極權主義一種對自由主
義抽象概括及缺乏歷史意識的理解。相反，馬庫色認爲，自由主
義其實是從來都支持一個強而有力的政府的，特別是社會及財產
自由受到無產者威脅時會更明顯。而至於

> 　　自由言論和辦報、政治生活完全公開化、代議及國會政
> 制、政治權力的分立及平衡等，都是從來沒有徹底實現
> 過。由於不同的社會境況，這些都會受到撤消或限制❻。

財產的私有制是這自由主義社會的最高原則，其餘只是由這要求
中引申出來的，可因時制宜地改變。馬庫色引用意大利新黑格

---

❺　同上，p. 8.
❻　同上，p. 9.

爾派哲學家占蒂萊 (Giovanni Gentile) 爲例，說明這自命自由主義者，爲何可以全力支持及嘉許墨索里尼？不過就是由於他的自由主義也相信要有強而有力的國家。而自由主義及法西斯主義最大的敵人，就是馬克思的社會主義思想，因爲後者批判財產私有制。

馬庫色承認法西斯主義也批評資產階級的社會，但它指向的敵人，只是「貪圖利益」的個人主義者，特別是小商人及其所代表的自由競爭及無政府狀態的市場經濟。事實上，在二十世紀三十年代，小商人階層已經走向沒落，無論是這時的自由主義者及法西斯主義者，都看重社會上的工業領袖，無形中也是支持中產階層的經濟功能。

馬庫色更相信自由主義者和法西斯主義者都相信人類的社會構成，要尊重自然。他引盧騷爲例，指出盧騷相信人類社會歸於自然和法西斯主義也相信「自然的規律」，是同樣一種思想上的僵化。不過，這裡值得一提的，是盧騷所提的自然，只是一種對貴族及封建社會的虛飾和威儀的對比，並非一種僵化的信念體系，而明顯地，法西斯主義相信的英雄民族，是種僵化或非理性的信念。其實，康德的自由主義是很典型的啟蒙理性主義的模式，他相信人類個人的慾望可以漸漸透過社會無限進步，和德性結合，達到永遠和平的國度，自然沒有實質的法則，而這無限的進步會是理性的設想及人類希望的表彰❼。在這角度之下的自由主義，是超越了傳統強調人性自私及自然法則的自由主義。不

---

❼ 參看康德晚年的短著作：〈在世界市民觀點下的普遍歷史理念〉一文。(德文原文)Immanuel Kant: Idee zu einer allgemeinen Geschichte in weltbürgerlicher Hinsicht (Frankfurt/M.: Suhrkamp, 1977) Band XI (第十一卷) pp. 33-50, (即A385-411)。

過，後來阿多諾及霍凱默在《啟蒙辯證法》一書中，連這種啟蒙理性也推到僵化的層面，而找出它和晚期資本主義思想的連繫，會是批判理論的另一突破，也對後來馬庫色的理論有深遠的影響，這點容後討論。這裡值得提的，只是馬庫色對一般自由主義者的批判，在於找出他們和法西斯主義的相同點，並未觸及啟蒙思想更深層的問題。無論如何，在一點上馬庫色是正確的，就是他當時接觸及批評到的自由主義者，和法西斯主義者有同一樣的信念，是要「最終建立經濟利益和社會權力的關係」❽。

為了比對自由主義及法西斯主義的非理性，馬庫色要正面肯定理性主義的社會思想，來做前兩者的對比。他提出說：

> 一套社會理論是理性主義的，當它倡導的實踐是建基於自主 (autonomous) 的理性，即是基於人的理解能力，透過概念化的思想──真、善、正義❾。

他的進一步解釋是：任何社會目的、行動及組織方法，都應要理性確定的審裁，要理性的論立 (justification)。

> 對一個事態及目的的認受永不出自它們的純然（事實上）存在；相反，當知識自由地裁定了這事實或目的是依隨理性的，這才被認受。因此，理性主義的社會理論基本上是「批判」的，它把社會放在理論及實踐、肯定和否定的批判理念之上❿。

---

❽　Herbert Marcuse: *Negations*, p. 13.
❾　同上，p. 14.
❿　同上，pp. 14-15.

馬庫色更進一步解釋「批判」這觀點：

> 批判有兩個指導原則：首先，人作爲理性生物的現實境
> 況，卽是人有潛質來自由制定及營造其生存，這生存可透
> 過知識的進程及照顧他世俗的幸福（筆者：不是宗教常指
> 來世的，而是現世的）。第二，生產力當前的發展水平及
> （配合或衝突的）生產關係是人在這時候理性組織社會的
> 潛質之決定條件⑪。

事實上，馬庫色在這裡提出的批判理性，及其與現世幸福及人類具體社會的物質條件和社會關係，可以說是批判理論的中心，及他未來（也是整個批判理論中的大師如阿多諾、霍凱默及哈伯瑪斯等未來）要分析、解釋和用種種角度和觀點全盤整理的核心問題。

這一切理性及批判的考慮，對法西斯主義的思想來說，是毫不重要的，它只把理性的考慮建基在「自然（天性）、血緣與地緣、民族性、存在的事態、整體等」之上，而理性成爲「因果地、功能地或有機性（organically）依賴它們。」這些神秘化及神聖化（也只會是僵化，不容許論立（jnstification）及批判）的觀念，結果不單遠離人理性的反省，也罔顧了人的世俗幸福。馬庫色認爲這種非理性的信念，是既不批判、又不「唯物」的，

> 因爲它（這非理性的理論）只會誹謗可透過理性組織的社
> 會所帶來的人類人世間的快樂，而以其難以捉摸的價值來

---

⑪ 同上，p. 15.

　　取替……(這價值是)一種英雄的貧窮：道德轉化的貧窮、
　　犧牲、服務及民族的現實主義⑫。

　這看法是高瞻遠矚地察覺到納粹會爲了鞏固自己的權力及向外擴
張（以遮掩內部社會矛盾），而要德國人民作出種種無謂及甚至
災難性的犧牲。

　　理性主義要求實現的眞、善和正義，是基於「公開的自我表
達，自由的對話，以論據來說服人及被人說服。」這一切馬庫色
相信是實現眞正的理性主義及眞正的自由主義的原素。可是，馬
庫色隨卽分析傳統自由主義者的困局，傳統自由主義最大的困
難，是接受經濟生活中最高的理性基礎，也是整個社會最高的「
理性」基礎，是基於個人（私人）經濟活動的神聖原則，把社會
上每個個人自私自利的經濟活動，看成是社會更大的益處及社會
組織最大的優點，是基本上把社會價值問題的客觀性、公開性和
溝通性揚棄了。結果，到了壟斷資本主義的出現，自由競爭的逐
步瓦解，人與人的平等、自由，漸漸變成是純然抽象，和現實不
相符了。而以前自由資本主義中的「無形之手」帶來的和諧及自
然均衡，漸漸被更多更強的社會經濟危機、貧富懸殊的衝突和對
抗所破壞。自由資本主義到壟斷資本主義的發展是有條不紊的，
同樣反映了傳統自由主義到法西斯的極權主義的漸漸過渡。

　　法西斯極權主義的特徵，可以從三方面分析出來，首先是它
「普遍性」的觀念，強調整體高於個人，而整體因此可犧牲個人
的一切；第二是它強調民族的特性（優越性），是歷史發展的中

---

⑫　同上，p. 16.

心；第三是一種否定理性的存在抉擇，把命運的選擇的意義，放在最高無上的位置，否定一切理性的價值觀和社會整體幸福的取向。

（四）馬庫色對極權主義的批判

馬庫色對極權主義最大的批判，是後者相信人類結合的整體是有神聖的意義的，馬庫色和批判理論者一樣，都繼承了亞里士多德的理解：「整體先於個人」。但是他們理解的先於或高於，只是從幸福之觀念著眼，這就是：只有在整體努力下，幸福才能更普及及貫徹，人的合作，才使人更完滿。在這情況下，整體先於或高於個人，是指人的社會及經濟活動而言，並沒有神聖的或神秘的意義。馬庫色解釋說：

> 整體先於個人是真實的，只要是生活裡生產及再生產的形式是普遍的，是先前賦予給社會個體的，而這些形式的適當組織是人們個別幸福的先決條件。若脫離這經濟及社會條件，「整體」這觀念在社會理論中，是絕對沒有具體意義的⑬。

馬庫色反對法西斯極權主義的「社會整體」的理解，是首先基於它藉強調社會的整體性，而遮掩了壟斷資本主義社會中，大部份人的命運，被小部份人主宰，而幸福不再是整體的意義，而只是為了民族「整體」而接受被主宰的厄運及消除階級社會的衝

---

⑬　同上，p. 20.

突。其次，這個社會整體，不再是由人的要求及理性而組成，及因人的要求及理性而可改變的，而是出自一個「神聖的意志」。

「自然」成爲這種神聖的意志的最高解釋，取替了歷史及社會發展的進程。而在這自然之中，民族是它永恆的一部份，個人的幸福和悲慘是變成不重要的，只有民族是永恆的，在它之下，一切個人的境況和際遇是無關重要的了。馬庫色和批判理論家所反對的，就正是這一類的非理性主義，把自然永恆化及神聖化了。批判理論繼承了黑格爾及馬克思主義，把自然（不單是大自然，而是客觀世界的一切）看成是一個「限制性的觀念」(limiting concept)，隨著人類社會的發展而（改變的，或）發展的。

　　自然早就一直被歷史化了，這卽是它越來越大程度上被剝除了自然成份，而被收攝到人理性的計劃和技術中[14]。

極權主義思想把自然神聖化，也就同樣把經濟的問題也歸入這類解釋之下，人類的經濟活動是自然的長時間形成的規律，它是自然裡的一個「有機的生命體」，

　　它是不可能一下子改變的，它是依照根植於人性的原始規律來建構成的[15]。

這樣一來，壟斷資本主義的經濟危機的問題，變成了是人刻意去

[14]　同上，p. 25。
[15]　同上，p. 26。

干擾自然規律的問題，做成了自然的報復，本來是資本主義自由市場由於壟斷破壞而導致收縮的問題，一下子被倒果爲因，變成是人刻意破壞自然(是市場規律？)的問題。可是，這種理解最大的問題，是不能解釋什麼才是回到經濟的自然！是要回到市場規律，把大企業轉化回個人主義的小商人和投資者？這和他們原先否定個人主義是自相矛盾的。或者，是要強調國家積極的干預，以減輕經濟危機的禍害？這又違背了對自然的尊重。最後，也是最可怕的，是法西斯強權主義基本上是接受了壟斷資本主義的種種問題，把經濟不幸化成爲一種自然的規律，要人民承受，物質生活及世俗財富並不是價值，而是忍耐貧窮、勇敢服務、犧牲及自律的英雄主義⓰。無疑是接受壟斷資本主義的危機下之社會現實，是最「唯心」及無奈的方法，也證實了法西斯和壟斷資本主義一定密切的關係。

最後，還值得我們關心的，是法西斯極權主義憑什麼可以開解人民接受這種不幸福的英雄主義，這樣無謂的犧牲，而就狹窄的民族利益上，政權的鞏固上，政令的執行上，要犧牲其它國家、反對派及反對者呢？

馬庫色相信這方法和法西斯主義強調的「存在主義」有關，特別是海德格式的「存在主義」，雖然馬庫色在這裡不是正面批判「存在主義」的哲學觀念，只是海德格思想在法西斯主義的社會引申，但也明顯地看出他在擺脫海德格對他早期思想的影響。

馬庫色理解的存在主義的眞正意義，是爲了否定傳統的理性主義及黑格爾式的唯心主義，自以爲理性及絕對精神是已經成爲了現實的眞正內涵了，而忽略了具體分析「人存在的具體歷史境

⓰ 同上，p. 27.

況」**⑰**。這正是齊克果對十九世紀下半葉歐洲社會，特別基督教世俗化及制度化後的樂觀主義的批判。

　　同樣，馬庫色的理解中，海德格在《存有與時間》(*Sein und Zeit, Being and Time*) 中，由以前的歷史關懷，跳入一種盲目的信念之中。即使海德格在《存有與時間》中提到「自我性」(jemeinigkeit, always-being-my-own)，強調個人的自主，「決定」(entschlossenheit, decidedness) 強調個人的計劃及抉擇，都還包含個人不可侵犯的自主自決。但法西斯的極權主義，是正正想否定人的自主及吞噬個人自覺要肯定的社會角色和責任。馬庫色對海德格的批評，是他對人的歷史實際境況的分析，並不是具體社會、文化及經濟的關係，而是描述一些概念如「人們」(das man)，「閒語」(das gerede, idle talk) 及「不眞正的存在」(uneigentlichkeit, inauthenticity) 等。馬庫色相信這一切並非本然而然的現象，而是某個社會階級、某組社會關係及某些社會條件的構成，海德格沒有深入探究這些現象的根源，而把它看成是非眞實存在的特性──一種僵化了的觀念體系。而更可怕的，是海德格支持極權主義對民族命運的連繫、狹隘的歷史文化的繼承、世代的共融等，而忽略了檢討其理性的價值**⑱**。

　　在這種民族命運的支配下，結果是全面政治化，一切要爲政治服務，私人生活領域也被政治領域吞併了，人沒有什麼是爲自己考慮的，政治也不再爲人服務。這種思想是完全違背了亞里士多德要求一切要符合理性 (logos) 及正義原則**⑲**，也違背了啟

---

⑰　同上，p. 40.
⑱　同上，p. 32.
⑲　同上，p. 34.

蒙主義的高峯時，康德強調人有國家絕對不可侵犯的神聖基本尊嚴，而且，個人對國家的責任和認同，也只能是取決於理性的及自由自決的考慮[20]。

馬庫色倡導的批判社會理論，是強調：

> ……自由的政治責任只能是個人本身自由的實踐。這實踐始於批判，而終於個人在一個理性組織的社會中自由的自我實現[21]。

從這角度看，難怪馬庫色認爲康德的批判哲學中的唯心主義，還保留批判的原素，到了海德格，已經化爲了一個「存在主義式的機會主義」(existential opportunism)，放棄了理性對現實不斷探究及批判，而墮入對一個領袖（希特勒）和民族命運的認同。

---

[20] 同上，p. 41.
[21] 同上，p. 40.

第五章　權威的起源

馬庫色在上文對法西斯主義社會觀之研究及批判，肯定了啟蒙時期的理性主義，有一定的社會意義，但爲何那時倡導個人的理性自主，會發展到法西斯式的禁制及極權？這是一九三六馬庫色在〈有關權威與家庭的理論架構：思想史部份〉(Theoretische Entwürfe über Autorität und Familie: Ideengeschichtlicher Teil，英文是 "A Study on Authority")❶ 一文中處理的中心問題。

馬庫色在這個研究文章的導言中，就說明宗教改革 (reformation) 及啟蒙時期中，思想家要處理的問題核心：個體對社會或政府權威表現一種極爲矛盾的態度；一方面是自由地認同及肯定權威者，另一方面是對權威的歸順俯伏，把自己的意志歸屬於權威意志——一種外在的力量。這種矛盾的態度更明顯的表現，是資產階級當時的哲學，是以自律性 (或自主性，autonomy) 這觀念爲哲學思想的中心，這是思想抽象一面的最高原則；但在具體社會現實中，卻俯伏在權威之下。要解決這矛盾，是當時各大

---

❶ 全文在 Herbert Marcuse: *Studies in Critical Philosophy* (Boston: Beacon Press, 1973) pp. 49-155.

流派的社會思想及哲學體會， 千方百計及千辛萬 苦要完成的任務。簡單地看，馬庫色認為這階段的哲學思想中，個體在自由和不自由、自律及它律（autonomy and heteronomy）之間找尋一個平衡點，也肯定了個人的個性是可分割為屬於不同領域的。而這箇中現實和假象、超驗和經驗、本質和非本質等的對立，是個重要的課題。馬庫色關心尋求的答案，是宗教改革後的資本主義社會，以馬丁・路德（Martin Luther）及加爾文（John Calvin）為首，強調個人的自由，和傳統的封建建制勢不兩立，但這反權威的思想卻正正容許形上的權威， 結果做成理性與信心（faith）的對立。 馬庫色這研究， 是由路德（Martin Luther）及加爾文（John Calvin）開始，經過康德、黑格爾、復辟時期政治思想、馬克思、到極權主義時期，以便在這思想史的歷程中，找尋對權威不同的理解和合理化的方式。

一、馬丁・路德與加爾文

馬庫色認為路德最特別的地方，是確立了「資產階級」的自由觀念：「自由被安排到個人的內在領域，到人的內心，而同時人的外面是在世俗力量的體系管制之下。」❷「自由」這觀念，可以算是由奧古斯汀（Augustine） 開始提昇為個人的內涵， 自由成為一種「自由意志」，一種自我獨立的內心力量。在古典哲學裡， 如亞里士多德的《倫理學》（*Nicomachean Ethics*）中，亞里士多德沒有提到「自由意念」的問題，而是提到一個人就自己的行為的自發性（voluntariness）， 是否要為某行為承擔責任，

---

❷ 同上，p. 56.

而結果是一種訟裁的考慮，而並非內心的考慮。事實上由奧古斯汀新柏拉圖主義式的基督教神學開始，人的內心成為一種世界，成為一個獨立自主的領域，這種唯心主義一直發展到二十世紀，變成一種典型的「心靈主義」（mentalism），透過維根斯坦的批判後，才抓著了錯誤的源頭，馬丁·路德的思想，正正表現這種唯心主義的特色。

路德把人分為內心和外在個體兩個領域後，卽出現一種「雙重的道德標準」，一方面一個基督徒從內心來看，是絕對自由的，不是任何人的奴隸，但在現實中，基督徒是在各方面都表現出是個有負責感的僕人，對所有人負上責任。在這角度之下，人的內心自由是超越一切的，不受控於任何世俗之力量之下，沒有世俗財貨及權威可以支配人內心這份自由意志。馬庫色相信路德這裡提的超越的自由意志，構成了康德哲學裡「自由是超驗的信條」之基礎。

馬庫色對路德這種自由觀的批判，是這種觀點不單肯定了個人有完全的內心自由，也同樣容許了人的外在領域可以充滿不自由和慘況。他相信這種自由觀包含了一種歧義：

> 被內在自由所包圍的人，所擁有的自由，相對外在事物的豐富程度，使他變成自由地脫離它們——他不擁有它們，也對它們沒有控制。人不再需要東西和行動——不是因為他已經擁有它們，或已經控制它們，而是因為在他自足的內在自由之中，他完全不需要它們了❸。

---

❸　同上，p. 57.

簡單地說， 這種自由使人在一切行動之前， 已經在內心中完成
了，自由不是在行動中完成，行動也不能增添及減少這自由，這
種觀點不單在基督教中盛行，連唯心主義或唯我論的哲學，也分
享著這種理解，自由成爲機器背後的「精靈」(deus ex machine)

　　馬庫色反對這種觀點的最大理由，是這種強調內在自由的主
觀信念(或意識形態)，明顯地把這自由的主體看成是先於一切，
也高於一切， 人的內涵因此並不依賴工作 、 實踐及人與人的關
係了，理論和實踐也因此分離開來。事實上，路德強調「因信稱
義」(justification by faith)，就是強調信念的優先性，而行動或
實踐變成只是附帶的表現。直至如今，實踐對生命的眞義──救
贖，是毫無意義的，它的功能只在「避免人怠懶，而因此要對自
己的肉體加以照顧和鍛鍊。」實踐墮落爲一種自由的外在裝飾。

　　在這種境況下，人的存在變成了一種雙重道德標準，一方面
是「基督徒」的存在，另一方面是世俗的存在。基督徒的存在是
強調內在自由及平等，內在的貧窮（不慕世俗）、愛及幸福，而
世俗的存在是強調對世俗的權威和社會秩序的恭敬。世俗權威和
社會制度也是神的安排，但目的不是永生，而是由於人的罪性，
要懲罰罪惡，保護忠良及保障世俗社會的和平。

　　在尊嚴方面，若以內心來考慮，長上和下屬是一樣的，不同
的世俗身份，並不做成在神跟前的價值不同，不過，在世俗事務
方面，建制中的角色若和個人的尊嚴不能等同，也正意味著在位
者卽使是不值得尊崇，他的世俗權勢仍應受到尊重，他的命令仍
要受到服從。這方面的解釋造成世俗權威的絕對權力，首先是這
世俗權威只是關乎世俗的生命貨財，完全不會影響個人的最終目
的──永生或救贖；另一方面，這世俗的權力要有世人無條件的

認同，才能屹立不倒，否則，俗世上任何人可審裁任何人，世上只有兇殺和流血❹。路德這種觀點和霍布斯(Thomas Hobbes)的權威主義，不謀而合。

　　針對世上的不義，只有上帝是仲裁者，而個人的理性的敗壞及本性的自私，使一切批評變成不可能。簡單地說，世俗的社會建制不能由人來審裁，只有它是自己的審裁者。

　　　　不單如此，世俗權威不正義及罪惡，也不能是動亂及反叛的藉口，因為不是任何人都有懲罰罪惡的權力，只有世俗的權威才可以揮動長劍❺。

這個見解，正正是路德反對農民革命及支持鎮壓的基礎。

　　在個人和權位之劃分，宗教信念和世俗權力的割離之下，既定的社會制度根本找不到理性的確立基礎，馬庫色稱這種分離是權力架構的僵化，而靈性的自由對現實完全無能為力。馬庫色引用馬克思在《法哲學批判導論》的說話：

　　　　毫無疑問，路德戰勝了虔敬帶來的奴役，但只用信念的奴役來代表它。他打碎了對權威的信心，但建立了信心的權威……。他把人由外在的宗教虔誠解放出來，卻把宗教虔誠變成人最內在的本質❻。

---

❹　同上，p. 61.
❺　同上，p. 61. 這裡是引用路德本人的見解。
❻　J. B. Bottomore (ed.): *Karl Marx*—Early Writings. (London, 1963) p. 53. 及同上 p. 63.

面對這個世俗無限的權威，路德相信反叛者不只是像盜賊，因爲盜賊還接受世俗權威的存在及懲罰的可能性，反叛者是背棄一切世上的秩序，也違背了上天安排給罪惡的世界一種懲責的權力的意願。

加爾文的思想體系比路德更推前一步，在宿命論的陰霾之下，人只能全力信賴救恩，人的生活意義是要生活出對神的尊崇和榮頌，以表現自己是被選取的。

> 天地的創造不因神的愛及正義，只是出自神可怕的大能和光榮。因此，人的慾望和追求、希望和哀傷也是指向無條件的服從和謙遜的欽崇，而非愛和正義❼。

對加爾文來說，服從是世俗最高的義務，「以連結世俗秩序」在一起，特別是神權、君權和父權變成是大宇宙和小宇宙（國家和家庭）那種一脈相承的關係。統治者的權力來自神的意願，世俗權威的權力，是神權的引申，不可取消也不可改變。自由成爲服從的自由，對加爾文來說，「心靈自由能够很好地和政治奴役並存。」

路德和加爾文的權威主義，不單是基於人的罪性的理解，也更相信人的理性也是同樣敗壞的。在天主教的教義中，理性是人的本性，這是傳統聖多瑪斯 (St. Thomas Aquinas) 繼承亞里士多德的見解，理性包括自由選擇能力及對道德的意識。路德及加爾文若相信人類理性是敗壞的，則他們需要解釋人對惡行的責任

---

❼ Herbert Marcuse: *Studies in Critical Philosophy.* p. 67.

問題。加爾文相信人的罪是種自願的勞役 (voluntary enslave-
ment)，人並不需要犯罪，犯罪只出自薄弱的意志。在這種薄弱
意志的跟前，父權式的服從是種保護的方式，以維持世間固定的
秩序。

　　馬庫色對路德及加爾文的權威主義最大的批評，是他們兩人
對家庭的父權和國家君權或統治者的權力，輕易地等同了。這個
問題，早在亞里士多德的時期，就弄得很清楚，亞里士多德相信
父親對子女的權力行使，是由於子女還未能獨立運用理性❽。相
反，統治者和人民的身份不同，在民主、賢能制度 (aristocracy)
及君主制度中，各有其特定成素。在這觀點上，批判理論強調把
統治和被統治者的關係，看成等同父子關係，是抹殺了政治制度
中，人人是基本上平等的政治現實。不過，隨著啟蒙時期的來
臨，路德和加爾文的權威主義，遭受一定的衝擊和更改，特別康
德的社會觀，就是個很有趣的例子，來說明這時代的反省。

二、康德的政治和權威的觀點

　　根據馬庫色的理解，康德的倫理學觀點，和路德並駕齊驅的
分別有：

　　　　內在自由及自律的個人自由觀念：道德價值由行為的法理
　　　　性 (legality) 轉移到個人的道德上；倫理學的形式主義化
　　　　(formalization)；道德集中在對責任的崇敬式服從，成為

---

❽　可參看 *Aristotle Politics* 的 1260 a 14.

基督徒服從的世俗化方式；現實世俗政府無條件的權威之
信條❾。

康德對啟蒙思想最大的支持，莫能高於他討論〈什麼是啟
蒙?〉那一篇短文章，在文章之中，康德認爲啟蒙最大的意義是
人放棄自己加在自己身上的枷鎖，這枷鎖是出自以往人不能獨立
運用自己的理性，而只能在權威督導之下，才能行使「理性」。
故此，要達到人的成長，是要勇於去認知。康德強調啟蒙的最大
意義是在於自由思想，革命可以取替暴君，但若不能改變人心的
話，則更多的偏見，可以帶來更多的禍害。自由思想是「在所有
事情上可以公開地運用自己的理性。」但是，康德嚴格地劃分出
公開地運用理性，來對比私人運用理性。公開運用理性是以市民
身份，來對「閱讀的公眾」講說話，在這身份中，個人是學者；
相反，私人運用理性，是受到限制，個人要因自己的公職，而要
服從公職的要求。康德深入的解釋是清楚的：一個官員可以市民
身份批評苛法，但作爲官員，他要服從這苛法，甚至要執行這苛
法；同樣，一個神職人員要講授教會的信條，儘管他以市民的
身份，可以批評這信條；一個法官要依照不合理的法律審判，儘
管他可以個人身份批判這法律。在公職上的人員，是無可避免要
遵守自己社會角色，高於個人理性在市民社會公開的運用。這點
上，馬庫色批判康德是把「智性（知識份子）的世界」和社會現
實的權威分割開來。權威的自重和市民對其懾服是社會穩定的主
要成素。

---

❾　Herbert Marcuse: *Studies in Critical Philosophy.* p. 79.

另一方面，「權利」在康德的眼中，只是保障人的利益，而產生人與人之間的制限，社會變成是普遍的壓力 (universal coercion)，和超驗的自由對立。康德接受人類社會是建基於一種理念上的「原始合約」 (original contract)，這合約是由每個追求自己切身利益的人理念上同意而形成的社會組織，目的是要鞏固個人的世俗財貨，而康德接受了私有財產及其可能的分配不均或不公義，但康德相信教育可引發公民建立更公眾及更平等的秩序。這種想法和康德在歷史理念上相信人的自私或不合羣的野心，會帶來競爭及整體的進步，及人類的慾望和理性會在歷史的終結契合，使德福合一，這都是一種滿懷希望的構想。無論是超驗的自由、社會權威的無尚性及樂觀的構想，都是康德哲學中現象和眞象世界劃分下的當然結論！也成爲黑格爾社會哲學，批判主觀唯心主義之社會理論的出發點。

三、黑格爾的權威理論

黑格爾的「自由觀念」和康德的觀點截然不同。在黑格爾眼中，康德所倡導的權利，只是市民社會裡的個人主義的權利，是有限制意義的及自我中心的，康德也強調這種自然權利，只關乎個人的財貨，和每個人的道德實踐和人格的滿全無關，黑格爾稱這種權利做「外在抽象的普遍性」 (external abstract universal)。黑格爾提倡的，是實質的自由和實質的權利的完滿，在他的心目中，這種實質的自由和權利的完滿，要在另一種超越出個人主義的市民社會的新社會形式中實現。

在黑格爾還年輕的時期，他就對亞當・史密斯(Adam Smith)

的經濟學有一定的研究，連同他對宗教的批判，結合成一套對資本主義早期自由主義的社會模式的理解和意見。

> 在黑格爾的眼中，歷史的進程並不是「無限的進步」，而是一個具體的發展過程，歷史和社會並不是來自更抽象的「純粹意志」的抽象期望❿。

黑格爾不接受國家的角色只停在保護私有財產的角色上，否則國家的意義，並不能超出個人的物質追求，而把國家看成手段。黑格爾賦予國家的意義，和「社會合約論」的思想家不同，若以黑格爾的標準來看，社會合約論理解的國家，只是市民社會 (civil society) 而已，而經濟活動是它的中心，就如洛克 (John Locke) 相信人在自然狀態中就有合作及商貿 (經濟交換)，國家的出現，只是自然狀態的延伸及完備化，以滿足人的生活物質追求，這樣的國家也只是眾人社會生活的保障，而個人的生命，還是在市民社會的生活(經濟生活)中完成。黑格爾跟「社會合約論」的觀點最大的不同之處，是他相信市民社會並非完善，需要國家的體制來完成個人，國家是「自在也自為的」(in-and-for-itself)，而在國家的更好統攝之下，市民社會只是它的一個成素(moment)而已。而從「自由」的本質來看，它不能只是

> 感受、傾向、及個人隨意，也不能屬於「應然」的簡單層次，自由只在存在、現實，被認知、意識的現實及「精

---

❿ Georg Lukacs: *The Young Hegel*. p. 361. (London Merlin Press, 1975).

神」之中❶。

這自由的現實性要擺脫一切異素、矛盾、外在性、偶然性❷。黑格爾理解中的國家的意義，是完成個人的幸福的，這點和亞里士多德的理解相近。不過，究竟實質的意思是什麼，還需要分析，馬庫色在這裡提供的，是問題多於答案，在日後他寫《理性與革命》（*Reason and Revolution*）時，才有更詳細的交待，容後再討論。不過，這裡值得我們關心追問的是：（1）國家憑什麼可超越個人、家庭及市民社會？（2）國家超越出這些基本的社會成素及體制──個人、家庭及市民社會，是什麼意思？對亞里士多德來說，國家高於個人，整體先於部份，是假定希臘自由人（奴隸主）的團結，才能保障他們集體的既得利益及不平等的社會建制。對黑格爾來說，個人的福祉要國家的存在來完成，又會是什麼關係？黑格爾的國家高於個人，在一八一五維也納會議後的「復辟時期」（age of restoration），如何被保守主義及政治頑固派解釋為政治秩序及特權的肯定，是馬庫色在這階段下一步的工作，目的是分析出黑格爾後，社會思想保守的一面。

四、反革命及復辟時期的「權威主義」

啟蒙思想最大的意義，是以個人的權利及人類的理性，來取代封建特權、教條及權威主義，而特別在哲學思想上，無論是唯心主義強調理性的運用及唯物主義強調個人的現世及感受的幸

❶　Herbert Marcuse : *Studies in Critical Philosophy*. p. 101.
❷　同上，p. 101.

福，都對權威、教條主義及其倡導的禁慾主義一種莫大的衝擊，在社會運動上，一七八九年的法國大革命可以說是啟蒙時代的高峯發展和總結，使「自由、平等、博愛」普及天下，對禁制、特權和階級自私自利，做成極大的對抗。不過，法國大革命做成的社會震盪是極其複雜的，首先，傳統歐洲封建勢力提出的回應，是瘋狂的頑抗，以保障歐洲封建貴族的既得利益，這種頑抗導致歐洲各大小封建國圍堵法國，使法國要上下一心，組織國民軍以維護革命的成果，而加上路易十六的逃走及被捕、受審和被處決，做成法國小市民階層的政治角色越來越重要，也使法國政局分化和內鬨，做成溫和派 (girondins) 及激進派 (jacobins) 的權力鬥爭。這一切在保守陣營眼中，是標誌了啟蒙的罪惡及對社會和傳統的荼毒。其中著名的觀點，分別是馬庫色要討論的柏克 (E. Burke) 和他的《法國革命的反省》(*Reflections on the Revolution in France*)，波那爾 (Bonard) 的《權力理論》(*Thèorie du pouvoir, Theory of Power*) 及狄美斯特 (de Maistre) 的《對法國的考慮》(*Considérations sur le France, Considerations on France*)。

柏克在《對法國大革命的反省》中，提出一個社會改革不能背棄社會的建制及傳統，法國大革命的問題，正正是要推翻一切經歷千百年經驗累積的制度、文化和傳統，對神、權威和社會道德，都踐踏殆盡，也自然做成社會極大的破壞，柏克的批評基礎是對傳統尊重的保守主義。

狄美斯特的理解是：一個國家是建基於「民族的靈魂」（或精神)(âme nationale, national soul/spirit)，社會不是人的創造物，而是基於神的意願。在這立場之下，國家不能是人理性的計

劃和考慮的結果；相反，神的意願是絕對的，而政治的世俗施行，也只能是由神的揀選者來操縱。馬庫色稱這種反啟蒙及反理性主義的政治理論，是轉把政治建基於（神學的）自然主義及個體主義（personalism）之上。

一個政治體制及國家的出現，若只能是神的意願，則這國家及統治者的權力是不可疑問及不容抗拒的，這不會錯誤（基於神之意願的結果）的君權是絕對的權威。這種統治者和被統治的關係，是出自人自然的不平等，而柏克更相信沒有社會制度的人，和一羣豺狼無異。狄美斯特的保守宗教信仰，更使他相信人性天生的罪惡，墮落的人類，天生是罪惡的、怯懦的、笨拙的、半盲目的動物。這些人類若自己生存，只會帶來污穢和混亂，他們基本上想被統治及帶領，完全依賴是對他們最好的⑬。這些保守派相信：人的自然或天生的弱點，是他們的罪惡本性，人的理性是無能及甚至具有自我毀滅性的。這種反理性的社會及政治觀點，很容易是由基督教保守主義的觀點中，推理出來，成為肯定權威主義的論據。不單如此，保守主義者還強調社會建制是高於一切個人，故此不能因個人的意願或喜好而改變。馬庫色反對這種認為國家是超越的有機體的觀點，是由於他反對保守主義相信：

> 支撐國家及社會的原則不是透過人類洞察而得到的真理，
> 而是信心：偏見、迷信、宗教及傳統，這些被恭奉為人類
> 重要的社會德性⑭。

---

⑬ 同上，p. 114.
⑭ 同上，p. 115.

無論是宗教要求的信心或服從，都比理性的位置高；此外，還有愛國主義，一種超乎個人理性及自我中心考慮。馬庫色認爲這種觀點根本和黑格爾要求更高於個人自私的理性不同，保守主義者的愛國主義和國民精神，是否定一切理性價值及理性的整體社會需求的客觀性，而強調這種愛國主義及國民精神是國家的教（信）條，及一種集體的「偏見」——「高出一切人類的理性，在批判和理性洞察之外。」[15]

在偉人政治當前，一般人的政治及社會角色，只能是屈服和信賴，社會中大多數從來沒有參與政治的創發活動，政府不是他們一手營造建構的，他們的角色，因此也只能是信從。

由於被統治者往往不能安份守己，統治者要把自己的身份——出身貴族及富有，和其它一般羣眾割離開來，使這身份和財富成爲階級隔離的因素，才使當權者可保障社會秩序。法國大革命在這羣保守主義者的心目中，是傳統的破壞及權威的衰敗，使人們相信他們的權利和統治者一樣，而做成侵權和暴亂。只有權威高於理性，而對人民來說，他們的「理性」應是感受，以指導他們的「心」，而非智性 (intellect)。

國家存在的支柱，是財產和傳統，家庭是這財產延續的核心，難怪這類保守主義者強調國家、社會和家庭都脫離不了對權力及財產保護的根本結論，以保障社會上少數的特權和既定制度。這種傳統建制及價值觀念，是一直延續至今，才遭遇多一點的討論和批評。

十九世紀的二十至三十年代，是復辟(restoration)的保守政

---

[15] 同上，p. 117.

治思想的高峯期，以史達爾（Stahl）及馮・哈勒（von Haller）
爲首，他們都強調：「『社會秩序』的規範不是來自人民的需
要，也不是來自一個眞正普遍意願對憲制的要求或歷史理性進程
的認同。」⑯政治的基礎是來自一個高於人民之權威的必要性，
這政治權威的合法性或權力的基礎，並不是成功的成就或表現，
而是一種感召力（charisma），這種感召力旣然是個人的，而不能
歸諸一個制度，政治制度也因此變成個人化。這權威之上除了神
的意願，再沒有審裁者。最後，對這權威秩序的服從，也不能是
來自人民自願及同意的決定，而是一種需要，一種當然的事情，
就像每個人對父母的服從一樣。而於法律也是實然的（positive），
並無理性及自然（客觀）的基礎，而法律的目的是控制社會組織
的秩序，而這社會秩序或組織的目的，是爲了保護個人、財產
及家庭，而財產的當然繼承權也成爲社會延續的中心。

五、馬克思主義與權威理論

　　基督教信仰裡的自由，是個人及內在的，和現實社會中的不
自由成對比，在這方面，批判理論和啟蒙主義的人性論及對自由
的觀點，都是較爲世俗及實在的，它們關心的是人現世的幸福及
自由是現實生活中選擇的可能性及社會條件的種種。正如馬庫色
解釋馬克思本人相信：「自由的界限是社會秩序的界限，這是自
由本質上不能超越的。」⑰要明白自由，就要明白自由在某特定
社會中的表現形態及不同取向的可能性。批判理論理解下的資產

⑯　同上，p. 122.
⑰　同上，p. 128.

階級「自由觀」，是把人的自由收到抽象的靈性及精神層面，把物質的層面及社會中實質的要求，看成爲不是自由的要求。簡單地說， 資本主義社會強調凡人皆平等及自由， 但是資產者的自由，是建基於對自己資產的擁有及支配權，而無產者有的只是出賣自己勞動力的自由，而在現實社會境況下，無產者也根本無選擇出售或不出售自己勞動力的自由[18]，因爲勞動力市場和資本主義的經濟及社會動力相關連，個人根本無操控的力量。

> 物質生產的領域是一個「必然的國度」：這永恆和自然的搏鬥，被需要及外在的要求所決定，也依賴它處於「大大小小很多的生產條件」之中[19]。

就他對馬克思的理解， 馬庫色對「自由」 提出兩種界定，第一種是低層次的自由， 只是脫離自然需要及 外在制限的要求 ——「超離開外在貧困及外在的勞役。」[20] 而另外一種是「更高的自由」， 表現在人的創造力的發揮裡， 但馬克思相信這更高的自由， 先預設社會上物質條件的解放， 物質匱乏及壓迫制度的消失。

馬克思心目中的權威，在資本主義社會中，也就配合了資本主義的社會體制，「權威是統制及勞役關係的表現，是種社會關係中的依賴關係。」[21]

馬庫色在這裡解釋馬克思的資本主義權威制度的方式，是極

---

[18] 同上，參看 p. 129.
[19] 同上，p. 129.
[20] 同上，p. 130.
[21] 同上，p. 131.

為直截了當的，資本主義社會中的分工，使資本家成爲了生產領導者，本來生產領導只是一種社會分工的關係，但由於私有財產的制度，生產領導同時變成一種經濟剝削，加上資產擁有者要鞏固自己的既得利益，經濟剝削的背後，更要有一種統治的政治權威，來維持現狀。「結果，權威是生產的條件， 也是剝削。」❷這種社會分工變成經濟及政治權利不平等的情況，是資本主義鼓吹私有制下必然的結果。

> 社會分工物化及固定化，因此它成爲一種「自然」的分割——支配及實現勞動，全盤策劃勞動的力量，僵化成爲支配所有的力量❷。

在這種資本主義的生產制度下，馬庫色點出馬克思的批判，不單是僵化的政治、經濟、生產一脈相承的關係而已，甚至是社會組織的形態和生產模式及操作規律的關係。在古代社會，儘管社會統制是強權及無改變餘地的，但生產操作方面的效率和組織則很鬆散，工人或工匠的工作壓力更少；相反，在現代資本主義社會中，競爭造成社會無政府狀態的市場運作方式，造成生產制度的高壓力及高效率的要求，「整個社會進程越瀰漫著無政府，勞動過程中資本家的權威就越粗暴地加諸當前生產者的身上。」❷

更進一步，馬庫色相信馬克思並不是反對權威，馬庫色和馬克思都並不是無政府主義者，

---

❷ 同上，p. 132.
❷ 同上，p. 133.
❷ 同上，p. 134.

把權威原則看成是完全壞及自主原則看成是完全好的，是
荒謬的。……功能上的權威，在每一個社會組織中作爲生
產的條件，是必要的，在未來的社會中，它還會扮演一個
重要的角色㉕。

馬庫色和馬克思只是反對掌握資產的人，利用生產制度及工
具的控制權，同時掌握了經濟和政府的權力而已。在他們心目
中，在一個平等的及公義的社會中，

公共的功能將會消除這種政治的特徵，而轉化成簡單的行
政功能；而那些發揮這些功能的人會照顧整個社會的社會
利益㉖。

可惜的是，在資本主義社會中，所謂「公眾或普遍利益」
(general interests)，只是打著功利主義爲最大多數人最多的快
樂的旗號，繼續鞏固既定的財產及生產關係。在這種境況下：

自由勞動、自由流動、自由職業、自由利潤──所有這些
不同的資產階級的自由，表達的是「生活境況的偶然性
質」……這些自由是偶爾可能達到的㉗。

在這種社會關係之中，「家庭成爲了統制的社會制度之下

㉕　同上，p. 135.
㉖　同上，p. 135.
㉗　同上，p. 139.

的道德基礎。」❷事實上，傳統父權社會的家庭是經濟利益的基石，無論是父權象徵經濟的操縱，財產的繼承，連子女的生育撫養也只是爲了私有財產的延續。結果在經濟運作之下，愛情只是外在的點綴，而充滿權勢的人也會走向「暗中通姦」及「娼妓」的官能滿足之中。在共產黨宣言中，馬克思也指責經濟功能化的家庭，一方面要肩負經濟角色，虛偽地把這關係看成是道德責任（其實是種壓抑），結果，資產階級的另一面宣洩是淫亂的娼妓及色情活動。

在無產階級裡，家庭制度在瓦解中，社會的低下層要全家參與勞動，以致根本使家庭只成爲勞動和消費的單位。馬克思在十九世紀看到的無產階級家庭，是完全備受剝削的，一家大小要參與勞動，才能掙扎求存。走進二十世紀，先進國家的家庭的確得到改善，但在教育及消費越來越社會化的情況下，家庭也失去了傳統的「社化」功能，成爲一個個人消費及血緣姻親的組合。

馬庫色在解釋馬克思的權威觀念的過程中，揭示了一些我們要追尋深究的問題，首先是「自由」這觀念，在馬庫色及馬克思的理解中，並不是權力及權利義務的界限的抽象問題，而是在什麼社會條件之下，如何分配社會利益和組織社會的具體形式的描述、理解和批判。換句話說，馬庫色和馬克思主義共通的地方，是要分析傳統社會到資本主義社會，人如何組織起來分配社會組織的角色和成果，這種種形式中的不合理和不公平的境況和現象，成爲批判的中心。不過，合理和平等的原則是什麼？在社會不斷的發展中，可能不同社會內不同的經濟及社會條件，的確會

---

❷ 同上，p. 140.

導致不同的社會組織的（合理）方式，或甚至要不同的平等原則或對平等原則的演繹，這都會是有待解答的問題。

在社會改革的過程中，也會有策略的問題，要反對不合理的權威，應透過什麼樣的實踐過程？馬庫色在這階段強調「列寧主義」的方式，把「階級政治醒覺由外面帶入工人之中」㉙，可見馬庫色對無產階級的革命的策略，還對「先鋒黨」有一定的寄望，到了五十年代，他的觀點就由於工人階層的角色建制化，溶入資本主義高度發展的社會中後，而起了莫大的轉變，也需要深入解析，這點容後處理。

此外，隨著資本主義社會的高度發展和轉化，不單權威制度、家庭制度甚至個人心理等結構，都產生了莫大的變化，社會統治的模式更多元、更複雜，都有待進一步的分析。

六、資產階級權威理論向極權國家的轉化

十九世紀末到二十世紀初，歐美資本主義社會最大的變化，是壟斷資本的出現，傳統自由市場漸漸瓦解，而國家在更大型的社會政治及經濟波動之下，更要權力集中及增加干預的效率和密度，而法西斯和納粹在西歐、列寧到史達林式的共產主義在蘇聯，都是「極權國家」的典型。這改變過程中的意識形態上的支撐，成為做意識形態批判的批判理論，不能迴避的問題。

馬庫色提出索萊爾（G. E. Sorel）及巴萊多（V. Pareto）的理論來做引證及分析。首先是這階段的理論，已經由哲學的層

㉙ 同上，p. 136.

面，走到社會學的研究層面上了。事實上，在文藝復興期間的馬基維利 (N. Machiavelli) 到霍布斯 (Thomas Hobbes)，十九世紀的孔德 (Auguste Comte) 到巴萊多 (V. Pareto)，都站在較為接近社會學的角度來看社會及政治的問題。他們的共通點，是儘管他們都有一套人性論或世界觀的觀點，在政治及社會問題的探討上，他們都強調這是一種可比擬科學的理解，認識到這些社會現象箇中的種種關係的，可以以種種技巧 (technique) 來處理及擺佈社會及政治的現實，達到一定的成果，或做成一定的預期。在這方面，由馬基維利到巴萊多，他們的理論都帶有實證主義的色彩。這種觀點當然和批判理論追隨亞里士多德、康德、黑格爾及馬克思的政治及倫理學傳統之觀點，大異其趣，後者把政治及社會看成是（理性）價值探討和實踐的問題。

　　馬庫色在分析這階級的社會權威理論的出發點上，就指出這些社會學般的問題探討是「脫離全面理論 (comprehensive theory) 的基礎，而成為社會學這專家學科 (specialist discipline) 的事務。」[30]

　　他指出這類理論最大的特點，是它們基本上是「負面的」 (negative) 理論，為了是對抗「自由主義」及「馬克思主義」。權力的基礎不再是理性的，而是民族、種族或土地等原始及「有機」的觀念。

　　　　根據這種理論，社會不是分為富與貧、快樂及貧困、或進步及反動……只是分為領導者及被帶領者[31]。

---

[30]　同上，p. 144.
[31]　同上，p. 146.

索萊爾的無政府工團主義（anarcho-syndicalism）相信工團
的罷工及無產者的暴力，會摧毀資產階級的秩序，看起來像遠離
極權國家的思想㉜。不過，馬庫色認爲索萊爾的錯，是把

> 無產者的暴力活動……脫離了它的社會和經濟目的；它成
> 爲了自主的權力。若它的條件並不再是物質的理性及在社
> 會生活進程中更大的幸福，來作爲力量的目標，就沒有理
> 性的解釋來說明爲何無產者的暴力是比資產者的暴力「
> 好」㉝。

馬庫色承認索萊爾擔心及極力批判的，是柔弱的自由主義、議會
制的敗壞、儒弱的妥協及知識份子的過份權力控制。而事實上，
這些不滿和資產階級的不滿很相像，也同樣是右派發動暴力事件
及政變的理由。此外，最令馬庫色不能接受的，是索萊爾強調要
革命精英來領導生產程序。他們被提升到一種「道德的領域」，
成爲一種「形式極權主義」（formalistic authoritarianism）。

巴萊多在他的社會理論中，對權威及精英的解釋是更爲完
備，對馬庫色來說，巴萊多的社會學，不單擺脫一切價值標準，
也完全不理會客觀社會的物質條件。對他來說，社會只分爲精英
及非精英，而精英可分爲統治精英（governing èlites）及非統治
精英㉞。

精英的存在價值是要走到社會頂端，成功及相信社會有上進

㉜ 同上，參看 pp. 147-48.
㉝ 同上，p. 148.
㉞ 同上，p. 150.

的空間，這是馬庫色把巴萊多比擬自由主義的一點。巴萊多的分析令馬庫色不滿的地方，是巴萊多把原來不同經濟條件做成的社會分級，看成只是形式上的問題——社會上自自然然地含有人的層級分別。這種解釋對馬庫色來說，是蒙蔽了社會現實，也化爲一種對極權主義合理化的方式。

此外，社會利益及需求的心理化，也是巴萊多思想的中心，社會的組織由「餘剩」（residues）來決定的，這是人的需求、慾望及愛好等的心理表現之種種構成。這些「餘剩」的理解方式和滿足形式構成了「提取」（derivations），社會成爲是人類集體滿足我們個別及分散的需求和慾望等的「理件」組合，這理性只是爲達到這種個人在集體的滿足，社會的穩定和延續，依賴這些「餘剩」和「提取」的存在和作用的結果。這種解釋社會結構和目的的方式，是缺乏理性目標和價值理想的。結果社會的延續和穩定，只是必然有統治的慾望及生活滿足的需求而組成的，暴力和認同可同時存在。統治的意義，不在於整體的利益，而是利益衝突中最有效的均衡力量，以達到社會穩定，在這理解下，社會權威失去了理性的根基。同樣，家庭的意義只是「準備、保存和傳遞權力」，而國家和家庭權威一樣，是爲了給予社會及家庭制度下成員心理上的掛搭——服從、忠愛、仰慕和驚畏。這種權威主義的理論，無疑是把權威看成是人性儒弱的表現和心理需要，替極權主義找理性化的論點。

還有，當馬庫色肯定權威若是有理性基礎，還是有意義的，則這理性基礎會是些什麼？當然，自由、平等及幸福等觀念，是批判理論繼承亞里士多德及德國唯心主義到馬克思的理解，但這一切都需要進一步的解釋，特別是在資本主義之前，幸福只是極

少數人的現實，到了現今資本主義的高峯期，人類的幸福又應如
何表現及創造出來？馬庫色的批判理論不能滿足於對傳統社會理
論負面的批判，還要正面肯定理性及幸福的客觀內容及意義。

第六章 人性、社會和幸福

　　批判理論強調社會要有理性的組織，人和社會之間存在著一種既複雜又微妙的關係，社會的目的是為了實現社會整體的幸福。那麼，我們需要疑問和探究的，是人、社會和幸福的本質是什麼？而自古以來，哲學是一直孜孜不倦地探討這些問題，而發展及結果應如何理解？馬庫色在這三十年代的中葉，開始處理這些極為哲學的問題，在一九三六年，他發表了〈本質的觀念〉，三七年有〈哲學與批判理論〉及〈對文化的肯定特性的研究〉，三八年他發表了〈有關享樂主義的討論〉。這幾篇文章可以算是馬庫色思想成熟的表現，奠定了他後來在批判理論中具有個人取向及格調的基礎❶。

一、本質的觀念（The Concept of Essence）

　　馬庫色相信「本質」在哲學中的意義重大，它和其它重要的

---

　　❶ 以上的四篇文章，均可在 Herbert Marcuse: *Negations*.
　　(Middlesex: Pengiun, 1972) 一書中找到。

哲學概念如「存有」、「思維」、「物質」等，在哲學史不同的體系中，都佔有重要的位置，馬庫色更重視的，不是這些概念的「內容」，而是它們在各大哲學體系中的「位置」及「功能」，馬庫色相信：在探討這些概念中，我們可看出這些概念「顯露」的，比它能「隱藏」的更多。換句話說，馬庫色相信哲學的重要觀念不單往往遮閉了社會現實的問題，更在反映社會現實的理解上，有很大的啟發作用。原來被認為只是形上的及觀念上的探討，實際上處處反映人與人，及人與生活現實的種種關係。形上學的概念探討和現實，產生一種什麼樣的關連？這就已經是一個極有趣的課題。

就「本質」這概念方面，馬庫色首先從「柏拉圖」(Plato)開始，他是西方哲學中，第一個很全面地建立一套完備哲學體系的哲學家，在他的思想體系中，本質是為了解釋事物雜多及變化背後，統一及普遍的原則，更且，本質不單是眞實，也還是善和美的，在形上的層次，眞、善和美等價值結合，而馬庫色也相信這種帶有價值判斷的本質論，也會是有批判意義的，對立於「壞的事實及沒實現的潛質」❷。

不過，由柏拉圖到亞里士多德及中古神學，本質和自然是等同的，本質只是潛存的理形，要「存有」(being)的動力來衍生，「本質」(essence)和「存有」(being)是相對，但又是相輔相成地締造出宇宙的一切（自然）。

到了現代哲學，由笛卡兒開始到胡塞爾做終結，「本質觀念進入了自我肯定的『認知自我』(cogito ego)之領域之內，或

---

❷ 參看同上，p. 46.

（稱爲）超驗主體。」❸由於自我的個體掌握到「自然」是可以控制的客體，「本質成爲了理論及實踐理性的對象」。馬庫色相信笛卡兒的主體哲學的出現，是配合了市民社會的出現，這羣自主的個體「要求自由地營造自己的生活條件，及把自然控制起來……。」人成爲「自然的主人及擁有者」。

但是，馬庫色相信笛卡兒的理性主義，賦予理性的地位是有限制的，

> ……在改造人的生活條件上，它（理性）要服從商品市場的規律，這些規律是在它背後運作的盲目經濟律則❹。

而笛卡兒的「理性」，也只停留在認知世界，

> 當哲學不能採取一個眞正改革（transformation）的理念，理性的批判停在現況之前面，而變成對純思維的批判❺。

這種理性只會是主觀的，它只能克服自己而不是客觀境況。無論是笛卡兒強調人的本質是「思維」，而物的本質只是空間，都說明這理性有限的活動領域。馬庫色稱笛卡兒以後的本質論不單是種唯心的理性主義，還是本質的僵化，「本質的問題——關於存在的眞理、統一及眞諦（authencity）——變成了知識上的眞理、統一及眞諦。」❻

---

❸　同上，p. 47.
❹　同上，p. 49.
❺　同上，p. 50.
❻　同上，p. 51.

康德的主觀唯心主義，把本質看成只是知識的「統一、普遍及恆常性」，時空的直覺純形式及十二範疇提供的，只是知識上的確定性。「那在存有中實現本質的古老哲學問題，在這裡變成由理論轉化到實踐理性的觀念問題。」❼ 儘管一方面馬庫色肯定康德的批判哲學對形上概念的「純理性判斷」的批判，撤銷了神、自由及個體靈魂不滅的純理性思維的錯，批判了傳統神學及「理性心理學」的錯誤見解。但令馬庫色不滿的，是康德把「價值」實現的問題，看成只是一些「預設」（postulates），一切只是實踐理性的「事實」，理性的自由也因此受到限制，結果自由和現實的因果系列是脫節的，

> 自由的理性功能受到限制，它只能提供行動的決定基礎去「策動」行動。一旦開始了，行動進入了自然必然性的因果網羅之中，而它永遠以後會在依循因果法則之下進展❽。

在這問題上，馬庫色的理解是深切的，若以亞里士多德的倫理學做出發點，道德（理性）的行為，不可能不以幸福為依歸，而道德行為是自足的，不假外求，只是道德的認知和道德的抉擇相配合。但對康德來說，市民社會的現實是以利益為出發點的，社會行為有它的因果律，道德只能停在「好的意願」（good-will）的充分條件之內。結果，道德只是個人的抉擇和自我要求，對客觀境況是不能寄望有所改變或改善的，這就是馬庫色和批判理論

---

❼ 同上，p. 53.
❽ 同上，p. 54.

承繼自黑格爾以來對主觀唯心論的道德實踐理論的批判。康德肯定了客觀社會秩序的因果自在的本質，對黑格爾及批判理論來說，都是一種僵化（positivity——黑格爾用詞，reification 批判理論的用詞）。

「本質」到了胡塞爾（Edmund Husserl）（更進一步僵化成爲知識論的概念，本質成爲所有可能世界，可能現象的本源構成條件，這些可以構成所有可能世界的「物質」，當然是在超驗自我之內被提供成爲知識的原素，也是知識最後的基礎。

馬庫色批判胡塞爾的現象學是種不折不扣的「描述哲學」（descriptive philosophy），因爲批判的意識最後只等同對現實的認知，而自由也只是「想像一切可能世界的本質」的自由，心靈的活動進一步脫離了價值的實現，而成爲世界的剩餘，以反映及認知世界，而不能、也不關心改造世界。馬庫色批判這套哲學是「冷漠的」（quietistic）和「實證的」（positivistic），

> 討論本質（在現象學中）再不是把現實比對潛質，或存在的比對可能的；本質擁有一個純粹描述及知識論的特質了❾。

馬庫色不單批評現象學停留在單單「直觀地掌握本質」，把接收的被動知識模式取替了批判理性自發的理解模式。馬庫色認爲現象學和「實證論」一樣，最後完全接受了社會上「既定的權力及層份」，不再疑問社會事態組成的種種條件。簡單地說，馬庫色不滿的，是現象學和「實證論」一樣，把人類社會行爲這類

---

❾ 同上，p. 60.

牽涉意向和價值的行爲，等同爲自然科學的現象，而取消了理性價值的實現問題。

更進一步，馬庫色批判了謝勒（Max Scheler）以現象學出發而發展開來的道德價值論。馬庫色認爲謝勒最大的錯，是把道德價值看成是一類類不同的「人的典型」(personal prototypes)，道德結果變成是不同思想形態的人，在不同社會生活境況及信念之下的不同價值觀而已，結果是種完完全全的價值相對主義，原來由「普遍理性」決定的行爲規範，變成只是現實不同類形的人，不同道德行爲的模式，而「自由的自主性也被接收性的他律(receptive heteronomy) 所取替了」⓾。

結果，謝勒的倫理觀，在馬庫色的眼中，變成一大堆矛盾或互不關連的價值體系，有領袖、聖人、天才及英雄，也有種族及鄉土、國家等，混合了個人及集體主義的價值觀念。

馬庫色在批判這種本質主義僵化的過程後，嘗試要建立一種新的本質觀，是個把「批判精神」和「唯物主義」結合的觀念體系，

> 這樣，本質的觀念採取了一個新的形態，這樣建構的理論所關懷的是人的本質，去肩負一個理性社會組織的任務，透過實踐來完成改變本質的現今形態⓫。

馬庫色相信這本質的實現要在歷史上呈現，不單要掌握「本質」的歷史意義及發展，更要掌握實現裏它具有的客觀條件。其實，

⓾　同上，p. 63.
⓫　同上，pp. 66-67.

在這解釋之下，我們可見到馬庫色心目中的「本質」，歸根究底是人的理想潛質的實現。事實上，無論是希羅哲學到中古把本質看成是神及宇宙的理性規律， 來反映人和自然的結合， 或到笛卡兒把一切收歸認知的自我，都使我們見到「本質」的關懷及理論脫離不了人的位置。及到康德的批判哲學，本質的探究無論是關乎知識上「我知道什麼？」（What can I know?）、 道德上「我應該做什麼？」（What ought I do?）到在生活及宇宙的目的上「我可以希望什麼？」（What can I hope for?），都是表現在人類的種種社會活動之上，結果康德理直氣壯地把這一切歸爲「什麼是人？」（What is man?）的問題之上。而馬庫色的「本質」觀念，是把人的歷史及社會納入考慮的範圍之內，故此他認爲：「本質是（人）在一個特定的歷史年代中組成的社會運作進程（social process）的整全（totality）。」我們對這界定，大可看成是指社會上人與人的關係及活動方式，構成了人的特質或內涵。馬庫色更相信： 「社會現實的不同層次是建基在一個基本層次之上的。 」這觀念說明馬庫色相信人類社會基本上有統制（domination）的關係，而在資本主義社會，他更強調：

> 在現今歷史時期，經濟作爲基本層次已成爲了「本質的」，而所有其它的層次變成了它的種種表現而已⑫。

從這裡我們看到， 馬庫色相信經濟是資本主義社會最決定的因素，資本主義的人是「經濟人」，而社會上人與人的種種關係，都是建基在鞏固這經濟關係之上。馬庫色更強調：在資本主義社

---

⑫ 同上，p. 70.

會中，一切社會矛盾往往是隱藏的，就如道德、藝術、政治及法律等，表面上的獨立，往往遮掩著種種的現實經濟條件的支配。馬庫色認爲眞正人的本質，是要透過不同的條件考慮來實現的：

1. 控制自然及社會生產力的程度。2. 勞動力組織的水平。3. 發展需要，但考慮到它實現的可能性。…取得大量在生活不同領域的文化價值，可以物質條件方式分配給人⓭。

馬庫色提出眞正合理的社會模式，可充分實現人性，來對比現實上不人道的社會境況：

物質（貨品）的分配……要依照社會眞正的需要。人類可自己處理生活上的社會運作之計劃及安排，而不致把它遺給隨意的社會競爭及僵化經濟關係的盲目必然性。撤消勞動的條件對生命的控制力，及撤消直接生產者和生產工具之間的分割，勞動會成爲生活的方式，而並非生命變成服務勞動。文化價值不應再被降到特權及餘暇對象的地位，而是應該成爲共同生活的部份⓮。

這些當然是帶著濃厚烏托邦色彩的價值觀，但在具體的內容上，卻有很多值得探討、評價和實現的意義。

在這階段，馬庫色提出了人類對整體的美好生活及社會關係的追求，有一種「旨趣」（interest），這不是個人的，而是共同

⓭ 同上，p. 72.
⓮ 同上，p. 73.

的旨趣（general interest），馬庫色進一步稱這是一種自由的旨趣（interest of freedom），爲了實現人的可能性或潛質，而人的潛質或可能性，是在特定的社會中見到的。事實上，馬庫色相信「人的本質」的特性，是不能脫離他的實際社會「外在」關係的，如他的「統制」及「奴役」的關係，而個人在生產程序中的位置，也是他本質上的特徵。

> 本質在一個特定的歷史境況中，是以人的潛質首先表現出來的，和他的當下生存相衝突⓯。

在這實現的過程中，批判理論要分清「眞正和虛假的自覺」（true and false consciousness），前者要超越資本主義的社會生產方式，後者接受資本主義這歷史上的生產階段的形態是永恆有效的⓰。爲了要克服這問題，批判理論強調不單要批判這種僵化的社會信念──意識形態批判，還要揭示這種生產模式的種種矛盾和衝突──政治經濟學的批判。最後，這套理論包含一種對現實社會的控訴和價値推薦，一方面是指出資本主義的不合理的性質，另一方面是要建立一個理性的生命進程。在這進程中，馬庫色認爲：

> 自然仍然是必然的領域（realm of necessity）。克服需求、滿足人類的需要，還是要（人類一番）努力掙扎；肯定的是，（透過）這掙扎才會使人可能是有人的價値，而

⓯　同上，p. 81.
⓰　同上，p. 84.

脫離了歷史上無意義的社會衝突⑰。

總的來說，〈本質的觀念〉一文中，馬庫色是充份發揮了意識形態批判的立場，他的批判理論使他揭示出，一切哲學的中心問題是人，無論是神學或形上學，不過是替人的生活目的及心靈取向找解釋，而無論這解釋如何昇華，如何抽離生活現實，它們始終是肯定世上某種秩序、社會關係或價值取向。無論是柏拉圖主義摒棄現實以肯定理性世界，或康德以價值意識來對立生活的現實，這些理念的（價值）本質總和既定的現實不能妥協。

批判理論的進路，是要走入問題的根源，看清社會現實的既定關係中的種種矛盾和虛惘，以尋求改革的路向。對批判理論來說，哲學的中心不單是人，還是活生生地蒙受種種社會不義、壓迫和苦難的人，哲學是肯定、理性化解釋及延續它？或是基於理性及自由的旨趣而批判和透過實踐來改變它？這是一個重要的抉擇，而對馬庫色來說，前者是傳統哲學往往犯的錯誤，要以種種理論來解釋（合理化）矛盾的現實。批判理論關心的，是如何批判這充滿矛盾和不義的現實，及找尋改革它的方法和價值觀。

二、哲學與批判理論

〈哲學與批判理論〉這篇文章的寫作，和霍凱默的〈傳統與批判理論〉有緊密的關連。事實上，在原來的《社會研究期刊》(*Zeitschrift für Sozialforschung*) 第六期中，霍凱默爲馬庫色

---

⑰　同上，p. 87.

的這篇文章加了一篇序言，也成爲了霍凱默自己〈傳統與批判理論〉後來流行版本中的結語式附錄。

馬庫色在這篇文章中，不是爲霍凱默錦上添花，再替傳統理論和批判理論的分別提供什麼的新條件，他關心的，是純然深入探討「批判理論」的特色，及其和傳統哲學的微妙關係。

開宗明義，馬庫色就指出傳統哲學就一直關心人類社會最廣闊的問題，而特別到了十九世紀，馬庫色強調由康德到黑格爾的批判哲學傳統，是在意識上超出了它的時代——當時封建德國的社會現實，它關心的是「以人的社會存在的指標來解釋人的整全及他的世界」。這種方向和唯物主義結合，產生了批判社會理論：「關心人的幸福，也深信這幸福可透過轉化存在的物質條件才能達到。」⑱ 這種具高度社會意識的批判理論也當然是理性的：「世界是被理性解釋、也依賴理性及被理性支配。」⑲

馬庫色相信在傳統哲學裡，無論是笛卡兒的「認知自我」(ego cogito)、萊布尼茲 (Leibniz) 的「單子」(monad)、康德的「超驗自我」(transcendental ego)、費希特 (Fichte) 的「原創活動的主體」(subject of original activity) 或黑格爾的「世界精神」(world-spirit)，都是強調主體要透過認知的歷程來調和與客體、世界或甚至歷史的對立。這種唯心主義的哲學的最大任務及成就，是「替自我建構世界」。但馬庫色還是肯定這種唯心主義理性的使命，因爲它仍「創造（在知識上）普遍性及一個理性的主體和其它主體一同參與的社會。」在這前提下，人與人的共同世界中的共同生活，是超過了一個個自足的單子式的個體。

---

⑱ 同上，p. 135.

⑲ 同上，p. 136.

馬庫色認爲這種唯心的理性主義有它積極一面的意識，這表現在它比一般肯定旣定現實的意識形態，更有進步意義，這理性不單是社會學及哲學的觀念，而更是政治的觀念，因爲這種理性主義還未接受自己擁有絕對眞理——卽掌握和實現了客觀的價值，相反，它懷著一種改變客觀社會現實的旨趣。相對來說，不少傳統哲學關心的，只是肯定旣定的現實及其社會統制的方式。這裡我們看到馬庫色的批判理論和傳統哲學的異同：首先是馬庫色強調批判理論和啟蒙時期到康德及黑格爾哲學相同的，是大家都接受思想（理想）和現實有很大的差距，這差距構成康德哲學的批判性，也展示了黑格爾的「辯證法」，把現實和理念對立起來。不過，無論是康德把「理念」和「現實」的永恆對立的做法，或黑格爾透過辯證，把一切對立收歸絕對，都被批判理論視爲一種妥協，批判理論要求的，是社會現實與理念之間透過社會改革而得到統一，而這是實踐的問題。因此馬庫色批評黑格爾的「哲學把對立在理性中調和起來，它提供的調和不是在現實，而是在理念世界之中。」[20] 批判理論的理性和自由不是觀念上的和個人內在的，它是一種眞實的潛質，以現實新的社會來完滿人的價值。這種批判理論倡導的理性，是在於它對集體自由和幸福的旨趣，這自由和幸福並非量的，而是一個正義及平等的社會關係。故此，馬庫色強調，

> 沒有這種人與人的社會關係中的自由和幸福，卽使最大的生產力的增長及撤消私有生產工具的財產，（社會）還會

---

[20] 同上，p. 141.

是充滿不公義的[21]。

從這論調看來，馬庫色和一般資本主義及馬克思主義者的信念都不同，他一方面不相信社會的發展和改革只是生產力發展的問題，在這方面不單資本主義的擁護者，連馬克思主義者及史達林主義式的共產主義也相信生產力的突破和增長的意義。馬庫色這裡說明生產力的增長在不平等及不正義的社會中，只會帶來更災難性的結果，這點他日後會深入探索。另一方面，馬庫色也不接受單單撤消生產工具的私有制，可解決社會的不公義，這說明他對史達林主義式的共產主義的不信任，唯有照顧到人的自由及幸福的制度，才能實現真正的理性。

批判理論的任務是清楚的：

在社會進程的理論建構中，對當下的（社會）情況的批判和它們趨向的分析，必然包括面向將來的成素[22]。

馬庫色解釋康德提出「什麼是人？」來總結他的哲學探索，是關注及展示什麼才是人的潛質，而不是描述現實上可找到的人的內容。批判理論和哲學融和的地方，馬庫色強調是兩者都對「真理」有旨趣，這種「真理」的意思，當然不是述句的真理（propositional truth），而是「理想價值」的實現。馬庫色指出批判理論和知識社會學的不同，也在處理「真理」的問題上見到，知識社會學關心的是「非真理」（untruth/unwahrheit），也

---

[21]　同上，pp. 144-145.
[22]　同上，p. 145.

卽是說，知識社會學關心的，是各特定歷史及社會條件下的信念體系（意識形態）的制限； 換句話說， 是這些不同社會及歷史中的各種信念體系或意識形態產生的成因（causes），而不是理由（reasons），而當這些成因、社會或歷史條件改變了， 這套信念體系也就失效了或被推翻了。相反，馬庫色強調批判理論的關懷是「過去的哲學的眞理」，因爲

> 這些過去哲學不同的歷史形態中，包括著對人類及客觀境況的洞悉（insight），它們這些洞悉的 「眞理」 是指引超越出以往的社會，而不能完全化約在以往的社會條件制約之內㉓。

這種「眞理」馬庫色解釋爲「比現實（what is）的眞（理）更進一步的眞理，是透過對抗既定社會關係才能達到及意會的。」

批判理論的思維方式，並不是靠觀念分析的思維，馬庫色相信社會現實和「理性要求的完美價值實現下的新現實」之間，有個幾乎不可跨越的鴻溝，這鴻溝不能依賴「觀念思維來超越，而是要靠「想像力」（imagination/einbildungskraft）。「想像力」這觀念在康德的哲學中，扮演一個極爲重要的角色，特別在「判斷力批判」中，康德賦予想像力的角色，不單是知識上的新觀念的建構，而更是價值上的：

> 想像力（作爲生產的認識機能）是強而有力地從眞的自然

㉓ 同上，p. 148.

所提供給它的素材裡，創造一個像似另一個自然出來。當
經驗對我呈現得太陳腐的時候，我們同自然界相交談。我
們固然也把它來改造，但仍是按照著高高存在理性裡的諸
原理，（這些原理也是自然的，像悟性（understanding/
verstand）把握經驗的自然時所按照的諸原理那樣）；在
這裡我們感覺到從聯想規律解放出來的自由（這聯想規律
是連繫著那在經驗裡的使用的機能）。在這場合裡固然是
大自然對我提供素材，但這素材卻被我們改造成爲完全不
同的東西，即優越於自然的東西㉔。

康德埋解的「優越於自然的東西」，是含蘊著理想價值的新現
實，透過想像力的建構而出現在知識中。但馬庫色的理解不停在
認知，而更強調實現：

> 由於它（想像力）的特有的能力，它可 "直觀"（建構
> 出）一個對象，儘管這對象並不存在，它可透過知識既有
> 的物料去創造新的（對象）。想像力指涉一種獨立於既有
> 的現實之外的自由，一種不自由世界中的自由㉕。

馬庫色明顯地把康德在審美中的價值體現提升到社會及政治層面
的價值體現上。不過，馬庫色並不因此認爲這種想像力是天馬
行空的，他強調「批判理論並不是意會有無限機會的空間。」

㉔　《康德：判斷力批判》。（宗白華譯——商務印書館，北京一九
　　八七年）上卷，p. 160.〔卽 I. Kant: *Critique of Judgment/
　　Kritik der Urteilskraft.* (B193-194)。〕
㉕　Herbert Marcuse: *Negations.* p. 154.

他的唯物主義信念使他認識到「想像的界限是被科技的水平所規定的」。這點正說明不同年代的哲學體系對理想價值的現實，都受到社會物質條件的限制，想像力的基本原素在內容上是限制條件，儘管在形式上可有種種突破，就像繪畫的人在他擁有的物料上開始創作，就要受到一定客觀條件限制一樣。

不單如此，馬庫色還進一步解釋康德的「希望觀念」，當康德提出「我可以希望什麼？」時，值得我們更關心的，不應是提升至空洞的「永遠幸福和內在自由」，這恐怕不能照顧到現實的境況而甚至只是種虛幻的滿足，就如宗教也答應人死後的得救和永生，及現世的個人解脫一樣；相反，這希望指向的，是已經（在現實物質條件下可容許）可能開展及滿足的需要和慾望（needs and wants）。

當馬庫色討論到要考慮想像力的現實限制時，這限制的來源是社會生產條件，也當然和科技文明不可分割，在這種問題上，馬庫色和霍凱默的觀點一致，他們不會迷信科學的不斷進步是反映出社會的不斷進步，相反，科技的發展在不義的社會中，會帶來更大的災難及使人類陷入更暴虐的野蠻主義（barbarism）之中。因此，馬庫色並不接受一種樂觀的科學主義，他反而相信「科學客觀性本身是永遠不可成爲眞理（理想價值）的充份保證。」只有人才能決定進步的方向，另一個選擇是「野蠻主義來臨的可能性」。更且，馬庫色的文化觀也是前瞻的，這也是批判理論的特點，在他們眼中，文化和歷史充滿著種種的強制、不義和苦痛，文化的反省「不再是令人驕傲的，而是痛苦的事。」這說明批判理論不是懷舊的，而是批判過去及開啟將來的一套社會理論，而文化這一個課題，是批判理論不能不處理的，而馬庫色在

下一步正好貫徹這方向。

三、對文化的肯定特性的研究（On the Affirmative Character of Culture）

馬庫色在這篇文章第一個注釋，就承認這篇文章是透過霍凱默的思想衝擊而來的，霍凱默在一九三六年的一篇長文〈個人主義與自由運動〉中，就提到「肯定的文化」及資產階級文化觀中，所表現虛假的唯心主義，以說明這個階級透過精英的文化觀念來肯定自己的社會角色及重要性[26]。

批判理論看待文化和它看待傳統哲學一樣，並不是採取單一化的立場，批判理論的哲學家摒棄了經濟決定論的方式，這只會把文化看成是上層建築，由下層建築的經濟所決定，而文化也只能單向地鞏固既定的社會及政治關係而已。這種文化上的經濟決定論的問題很多，首先是文化並非是統一的，一個社會往往存在著不同文化，不同的社會階層在同一社會也有不同的文化及社會信念的體系；更且，文化不單只為鞏固既定社會權力及經濟控制的關係，而是在不同的社會階段扮演極為不同的社會角色。

馬庫色就著批判理論對文化所堅持的立場，對文化作出深入的分析，甚至成為至今我們看待文化問題的經典典範。

由古代社會文明到希羅社會，由於生產水平落後，社會上要社會分工，來克服匱乏，而不單生產勞動是辛勞及非人化的，連社會生產成果中，大部份也只由小部份人可享用，單以希臘文明

---

[26] Herbert Marcuse: *Negations.* p. 88. 文題的注釋提到這觀念來自霍凱默的《社會研究期刊》 *Zeitschrift der Sozialforschung* Vol. 5, 1936, p. 219.

為例，自由人和勞動的奴隸的比例是一比四，而希臘人是極珍惜這種自由的生活的。亞里士多德就把形上學的「玄思」(contemplation/speculation) 看成是人理性最高的活動，脫離了現世生活的物質制限。玄思除了是人的理性最高的活動外，它是最表現人的靈性快樂的，因為它的快樂最純淨及恆常，也是最自足或不假外求的。玄思是自為目的的活動。相反，實際生活的活動還要追求多多少少活動以外的利益或目的❷。亞里士多德肯定這種「玄思」的活動需要空閒 (leisure)。相反，道德和政治活動還是非空閒的活動，它們和玄思比，只有次等的價值。單就這立場來看，若我們把玄思、道德和政治看成是高層次的活動，以達到幸福。則這類活動和生活上追求物質滿足的活動不同，事實上，亞里士多德坦言承認奴隸和自由人一樣可有官能滿足，但沒有人容許一個奴隸任何幸福及享有獨立的生活❷。奴隸只是自由人的工具。馬庫色對亞里士多德及古代文明對生產和非生產活動的劃分，提出的解釋是：

> 必然的世界、生活每日物質供應的世界是變幻、不安全及不自由的──不單事實如此，而是本質如此❷。

換句話說，生產及物質追求的生活，在古代社會的低生產水平，是極為困苦的，不應是人自由幸福的追求。亞里士多德的解釋一方面是肯定物質生活的必要性，但也了解到道德、政治和玄思生

---

❷ 就這些觀點可參看 Aristotle: *Nicomachean Ethics*, 1177 a11-b10, 亦卽 x. vii. 1-5。

❷ Aristotle: *Nicomachean Ethics*, 1177 a8-9.

❷ Herbert Marcuse: *Negatons*, p. 89.

活更爲獨立、自足及符合人理性最高的追求。另一方面，這種理解也有意識形態的一面，它肯定了希臘人的智慧、文化及政治的優越性，也肯定奴隸社會中自由人和奴隸的「合理」關係。文化生活在希羅社會，顯然是階級產物，正如亞里士多德在《政治學》中說：「奴隸及低等動物不是國家的成員，因爲他們不參與幸福及有目的的生活。」❸ 只有社會上的主人及統治者，才能享有這種特權，這情況到中古還是未能改變，雖然教會和貴族可平分春色。

資本主義興起，可算是在文化思想上有新的突破，文化不再是階級特權，而是有普遍意義的，馬庫色深入解釋希羅文化觀和資本主義文化觀的異同時，指出希羅時期的信念，是排斥沒有特權的人在文化大門之外，並把這看成是「天經地義」的。相反，當資產階級哲學肯定凡人平等，而事實上文化還是一小撮人的專利，資產階級哲學就失去了純潔清白的良心。

在「文化界定」的問題上，資產階級文化觀把文化和文明對立起來，文明是物質發展的層次，無論是科技、社會制度及生產制度，而文化則變成「肯定文化」(affirmative culture) 或「高等文化」。

　　肯定文化是指資產階級年代的文化，它在發展過程中導致精神和物質文明的分離，成爲獨立的價值領域及超出文明。它決定性的特徵是在於它肯定一個更普遍有義務、永恆優越及更有價值的世界，這價值世界一定要被無條件地

---

❸ Aristotle: *Politics*, 1280 a32.

肯定: 這世界和日常掙扎求存的實然世界本質上不同; 但是, 它可在每人自己的內心中建立起來, 而無需要改變事實的情況[31]。

可是, 資本主義社會中所推崇的「肯定文化」和古代的「文化」觀念不同, 馬庫色在這階段並不是探究古代藝術和資本主義的高級藝術至現今大眾文化的關係, 這是班雅明(W. Benjamin)在這階段關心的問題[32]。馬庫色要探究的, 是希羅文化觀和資產階級文化觀的不同, 來找尋文化在現今社會的特殊角色, 無論是維護資本主義的既得利益者和特權階級, 而因此選擇一種意識形態的功能, 或在探求價值上有新的憧憬, 而可突破既定社會的關係。這兩方面的社會意義, 都可能在資產階級文化觀中出現。

在對比古希羅文化和資產階級「肯定文化」上, 馬庫色首先指出古希羅文化的現世意義, 無論是柏拉圖要求幸福的政治體制——「理想國」, 或是亞里士多德的道德、政治、文藝和玄思, 都是現世的幸福追求。

在古代, 在必然以外的美好世界, 本質上是幸福和享受的世界, 古代理論永不懷疑人的關懷最終是他們世俗的滿足, 他們的幸福[33]。

---

[31] Herbert Marcuse: *Negation*, p. 95.

[32] 就這方面可參看 Walter Benjamin: *Illuminations*. 一書中 The Work of Art in the Age of Mechanical Reproduction 一文。(London: Fontana, 1972)

[33] Herbert Marcuse: *Negations*, p. 96.

儘管這幸福只是自由人可享有的。在資產階級年代，幸福是每個人的權利，不單每人可以掌握自己的物質生活的取向，也更可透過這手段的完成，追求自己的文化願望及使命。不過，馬庫色認爲這幸福的普遍性只是基於「抽象的平等」之上，現實上社會的不平等只能讓少數人可擁有足够的物質條件來滿足現世上的幸福，而文化願望和使命也成爲一種社會價值實現的預設及一種理念。

馬庫色對「肯定文化」的評價是有負面也有正面的，他認爲「肯定文化」有「唯心」的一面，在資本主義現實的不平等和不仁道的境況中，高等文化往往扮演一種心靈開展及安撫的作用，

> 對孤立的個人的需要，它以普遍人道主義來回應、對肉體的苦難以靈魂的美好、對外在的枷鎖以內在的自由、對粗暴的個人主義以道德領域的責任❸ 。

就以繪畫裡的新古典主義爲例，大衛 (Jacques-Louis David) 的「奧拉蒂之誓」 (The Oath of Horatii) 、「拿破崙加冕」及「雷卡米爾夫人」 (Madame Recamier) 等，都表現了中產者的德性，市民社會的民族理想和威儀，也把美提升和淨化到了神聖的地步。這種藝術對現實的肯定，不單使市民社會及資產階級的文化罩上神聖的光環，以代替以前神權及皇權天授的神話，也替資本主義的成就及歷史鬥爭的血淚和光輝做下光榮的記載。

然而，馬庫色還進一步肯定這歷史階段的文化另一重的意義，他認爲資產階級的唯心主義督導下的「肯定文化」，

---

❸ 同上，p. 98.

並不完全是意識形態，因爲它還表達一種正確及客觀的內容，它並不只是包含肯定既定的存在方式，還有它建立的艱苦：不單接納現實，還追憶可能的。

馬庫色體會到資產階級的高等文化，把美的意念高度淨化和昇華、把人類承擔的苦難、失望和沮喪，賦予了神聖的價值，不單只會使人安於生活在庸碌的現實，這種高度昇華的藝術，還指出現實和理想之間的差距：

> 這種誇大包含一種更高的眞理，說明現實世界並不可以片面的改變，改變只能是徹底摧毀這現實❸。

事實上，啟蒙以來的人道主義及資本主義社會中強調人類的自由平等和博愛，和現實裡的社會不平等和不公義，成爲強烈的對比，而這一切使「肯定文化」中的「藝術價值和理想」，成爲可怕的社會現實的對比和諷刺。由此可見，「肯定文化」有其二重性，一方面它要肯定自身的理想及價值的普遍性，另一方面要接受社會現實並非完全符合這理想和價值。它可以是因前者而對社會現實表現進取和批判的態度，也可爲後者而肯定既定現實及表現退步和妥協的態度。前者的態度是整體社會的改革，後者的態度往往表現在對個人的教化之上。

> 文化的意義（若透過教化）不是在於有個更好的社會，而

---

❸ 同上，p. 99.

是更高貴的：　世界的轉化並不是透過推翻生活的物質秩
序，而是透過個人靈魂（內心）的事態（轉變）。人性變
成內心狀態。自由、美好及美麗變成精神的質素：對人的
一切表現理解，對所有年代偉大的事物的知識、對所有艱
辛及昇華的事物的欣賞、對歷史的尊敬，因爲歷史使一切
變成現今如是。……文化結果滲透現實的一切而把它變成
高貴了，再不是以新生事物來取替現實的一切㊱。

這種文化的價值結果變成是精神化、內心化及個人化。
　　仕這裡馬庫色順便批判了唯心主義的 「心靈」 (soul) 的觀
念，唯心主義理解的心靈， 並非心理學假設是「心靈力量和機能
的整全」，也並非「思想的心靈」(mind),

　　在心靈的理念中，那個人的及非肉體的能力、活動及性質
　　（根據傳統分割，是理性、意志及慾望）結合成一個不可
　　分割的單一體，它明顯地在個人的行爲中貫徹地延續著，
　　及事實上構成他的個體性㊲。

在古典哲學中， 亞里士多德所理解的心靈，是生物不同層次的表
現，而人的 「心靈」 除了表現植物的生長繁殖， 動物的感官及
自發的活動外，還有理性的表現， 這種 「心靈理論」 是現實的
和結合亞里士多德強調現世幸福的。只有柏拉圖主義發展到堅忍
主義 (stoicism) 及基督教， 才強調心靈的超越性，而建立了靈

㊱　同上，p. 103.
㊲　同上，p. 107.

魂及其不滅的理論。馬庫色顯然是強調「心靈」的現實意義，而剔除及批判其神秘主義的成素，但他的批判是基於一種理解，就是這種「心靈」學說的信念不是無構成原因的，這心靈不單強調唯心主義中個人主義應有的個體性的特質，賦予個體高於一切的地位。在文化中，這是「肯定文化利用心靈來對僵化表示抗議」。大凡是心靈的會不屬於這世界，而無論現實如何不合理和殘暴，心靈也可不受沾污和影響。當然，「這心靈的自由可以用來做貧困、殉難和肉體枷鎖的藉口。」❸ 馬庫色批評「心靈學說」的主要動機，是心靈很容易變成一切現實社會矛盾的內心調和的出路：「心靈使人軟化及妥協，接受事實；因為到最後，事實（對心靈）並不重要。」❸ 這種唯心主義的心靈學說，最重要的地方，是肯定道德及藝術的價值，道德的心靈把現實的不幸化為個人道德的承擔，而藝術心靈把人在現實對幸福和需要的渴望提升到美感的層面，和現實脫離。馬庫色基本上反對這種清眞和禁慾的心態，他推崇快樂及美感的意義，是和現實連結的，他心目中的美是歡樂的，正如他引尼采理解「美是幸福的催情劑」及司湯達 (Stendhal) 說「美是幸福的承諾」❹ 。不過，馬庫色所提的幸福，並不是個人的，也不可能是內在的，它應該是一種理想價值在人類社會中的實現，就如他稱讚大詩人及哲學家席勒 (Friedrich Schiller) 相信：「那我們現今感受到的美，將會經歷成為眞理。」("What we have here perceived as beauty, We shall some day encounter as truth."//"Was wir als schönheit

---

❸ 同上，p. 109.
❸ 同上，pp. 113-114.
❹ 同上，p. 115.

hier empfinden, Wird einst als wahrheit uns entgegengehen. ")
❹ 馬庫色及批判理論家們相信的文化，是結合在生活現實的、具
體的和整體的。

可惜的是，資本主義走向壟斷化後，就連這種精神的、內心
的和個人的文化滿足感都不容許，

> 壟斷資本主義時期的全面社會策動，和以人格理念爲中心
> 的文化中進步的層面勢不兩立，結果「肯定文化」的自我
> 撤消開始出現了❷。

這是踏進十九世紀末二十世紀初最明顯的文化現象，馬庫色指
出：「自由主義的唯心主義思想，漸變成英雄的現實主義。」

在壟斷資本主義裡，個人不切合社會規劃出來的利益和幸福
的願望、追求和價值，都會受到排斥。因此，唯心主義裡的理想
主義成份如人道主義、自由和個人的尊嚴，被「本能」及生命力
等原始及非理性的觀念所取替，

> 個人被安插在一種虛假的整體（種族、民族、血緣及土
> 地）中。這種外在化和以前的內在化異曲同工：摒棄自己
> （具體的願望）及服從現實，……❸

明顯地，馬庫色指責的社會及文化形態，是納粹德國。他引用

---

❹ 同上，p. 118.
❷ 同上，p. 124.
❸ 同上，p. 125.

了不少納粹頭子政治宣傳的講話， 及納粹理論家 鞭撻文化的言論。在這種集體主義中，文化成爲一個奢侈及甚至由於文化可能沾染的個人主義的色彩，而對既定社會秩序產生顚覆和危害。這種集體主義不單否定文化承繼，它關心的是創造新的文化秩序。不過，這「文化秩序」關心的，是大民族、英雄主義和在歷史中成爲勝利者，爲了這些，藝術文化只是手段，「卽使藝術也要服務國家防衞、勞動及軍事的紀律。」這種法西斯美化政治的方法，以藝術來美化政治秩序及遮掩社會暴力，當然逃不出馬庫色及同時期班雅明的批判。馬庫色甚至把這歷史階級中新的集體主義文化，看待成爲傳統肯定文化的自然變異，就如自由資本主義會自然地過渡到壟斷資本主義和法西斯主義一樣。

面對「肯定文化」的傳統及在壟斷資本主義的形態，批判理論提出什麼對策？批判理論不能否認文化和社會發展是携手並進的，一個充滿社會矛盾的現實，還是會有充滿矛盾的文化，馬庫色也認識到這點，對他來說，「……生活的再生產將仍會帶動文化的再生產：塑造未滿足的期望及淨化未滿足的本能。」❹ 馬庫色在這篇文章的最後強調要消除「肯定文化」，才能實現人眞正的幸福和人的個性，但他同時又把這任務看成是推展文化（promote culture）。相信我們可理解批判理論的文化關懷，不單是爲了保存文化的過去來充實現實，而是在社會改革中，把「肯定文化」昇華了的願望和憧憬，在未來一個更正義和自由的社會中充份實現。

這篇文章的意義，不單展示了批判理論對文化高度分化及複

---

❹ 同上，p. 132.

雜的理解和評價，也對晚期資本主義法西斯文化的問題作出一定
的批判，也幫助我們深入分析集體主義（包括史達林式共產主
義）的文化觀。而更進一步的，是這些觀點是替批判理論鋪下了
對晚期資本主義社會商業大眾文化批判的路。

四、有關享樂主義的討論（On Hedonism）

　　馬庫色討論「享樂主義」這篇文章，看起來是較「本質」、
「哲學與批判理論」、「肯定文化」等討論，在範圍上更狹窄的。
事實上，這篇文章涉及的理論問題，可以算是批判理論中最根本
的及意義最深刻的。批判理論在價值問題上，要處理傳統哲學中
享樂主義、幸福主義（eudaimonism）及康德式的脫離本體（deon-
tology）的義務論等之間的關係，特別是批判理論本身強調整體
幸福，更會使它把這類類似倫理學的討論提升到社會及政治的層
面，及更要有歷史發展的理解，搞清楚了這問題，無形中是奠定
了對批判理論的價值論（axiology）的認識基礎。

　　從歷史角度來看，享樂主義總是種個人主義，享樂主義是強
調滿足個人的慾望及需求，這明顯地和社會上秩序和集體的要求
對立。無論康德及黑格爾都對享樂主義及他們理解的幸福主義
（eudaimonism）提出批評。對康德來說，以快樂爲道德或行爲價
值標準是病態的（pathological），因爲在人需要的必然驅使下的
滿足，並非自主價值的實現；同樣，幸福也只是一種生活的目
的，在生活中未必能實現。對黑格爾來說，「歷史並非幸福的舞
臺。在歷史中，幸福的時間只是空頁。」（《黑格爾歷史哲學
導言》）。馬庫色解釋唯心主義的理解：

爲了普遍性，個人要被犧牲，由爲整體利益和個人利益之
間、理性和幸福之間，並沒有預設的和諧⑮。

馬庫色相信傳統哲學的享樂主義及幸福主義，都是指向個人的，
但他認爲「人類的幸福應該不單是個人的滿足，它的名義就應指
向超過主觀性。」結果，無論康德要求道德價值的自律，或黑格
爾要求的「理性」──客觀精神的顯現，都和個人現實要求的幸
福往往對立。結果，無論是古代及近代哲學，心靈的幸福才是自
主的和不受客觀條件支配的。

可是，馬庫色並不認爲這樣排斥享樂主義就是完滿的，享樂
主義的意義，正正是抗拒幸福的內在化及把道德化爲責任，成爲
思想枷鎖，

接受外在生活的境況的無政府及不自由是不可避免的。透
過把快樂和幸福等同起來，享樂主義者要求人的感官和肉
慾的潛質及需要，同樣地，也應找到滿足──在這些感覺
和肉慾的潛質和需要裡，同樣地，人應該享受他們的存
在，而毋需要因此侵犯了或開罪了自己的本質，毋需負上
罪咎和羞辱⑯。

馬庫色歌頌享樂主義，是要說明人的 感官和種種 慾望的滿
足，是和心靈或智性滿足同樣重要。但這裏需要解釋的，是爲何
社會及哲學思想的發展，往往是排斥及鄙視感官上的滿足？在這

---

⑮　同上，p. 160.
⑯　同上，p. 162.

階段，馬庫色並未能找到徹底的答案，這要在下一階段他解釋《愛慾與文明》(*Eros and Civilization*) 時，透過他對心理分析、特別是弗洛伊德的思想的研究，才找到圓滿的答案。

不過，在這階段，馬庫色是掌握到享樂主義和傳統「理性主義」道德觀之間矛盾的核心。他相信享樂主義是極端忠誠的，它在文化中

> 滿全了一個進步的功能，它在一個無政府（紛亂）的社會中，不會假裝相信幸福可在一個發展了的及和諧的「人格」中找尋得到，而這「人格」又是基於文化的最好成果❹。

簡單地說，享樂主義強調的個人滿足及快樂，是基於它抗拒種種充滿不合理壓抑的建制，及其說服人幸福只能這樣完成的方式，這樣的幸福只能建基於「責任」、「德性」和「規範」的壓迫之上。從哲學史上看，依比鳩魯（Epicurus）的哲學就採取這方向，不少人奇怪爲何他在亞里士多德全面地批判了享樂主義中的快樂原則之後❹，還會提出享樂主義的理論？但我們若細心檢討依比鳩魯的享樂主義，我們可見到他的避世主義（quietism）式的享樂主義，是和他生活的時代有一定密切的關係的。除了他相信唯物論之外，他處身的年代是亞歷山大死後的分裂年代，亞歷山大死後遺下的大希臘國，分別被他手下部將割據，造成戰火

---

❹　同上，p. 166.
❹　參看 Aristotle 的 *Nicomachean Ethics* 中的第十章(Book x)
　　他對快樂作出全面的檢討，成爲至今的典範。

頻仍，依氏的哲學開宗明義就表明他對政治表現的失望及迴避，和亞里士多德時期相信理性及幸福可在輝煌的亞歷山大帝國下實現，截然不同。在這種戮亂的社會境況下，依比鳩魯只能肯定逃避痛苦和追求生活的個人內心安寧及感受的和諧，是唯一人的個人「理性」和能力下可達到的。

更進一步，馬庫色認為：

> 享樂主義若是當作意識形態的話，它會是毫無用途的，因為它不可以用來合理化一個把壓抑自由及犧牲個人等連繫起來的秩序⑭。

這正因為享樂主義是強調個人感受的和需要的滿足，而這種取向是極直接及不需要理解的， 故此根本談不上是一種 「世界觀」或一種「意識形態」。相反，無論是道德責任或更高層次的幸福來壓制個人享樂主義的要求，都要合理化這種價值觀，而這種信念因此要依賴更複雜的價值觀、生命觀或社會觀，這當然是「意識形態」或「世界觀」。馬庫色並不簡單地相信享樂主義和理性是相對的，他認為理性和對快樂的追求是人生命的兩方面，兩種可以相關的層次：

> 理性的哲學強調生產力的發展，自由及理性地塑造生命的條件，控制大自然，及聚合一起的個體的批判自主。享樂自然重申全面展現及滿足個人的願望及需要，把人從不人

---

⑭ Herbert Marcuse: *Negations*, p. 166.

道的勞動程序中解脫出來及爲了享受而解放世界⑩。

在一個不合理的社會中，當然是沒有可讚揚及肯定的理性，而在
這境況之下，只有享樂主義可以成爲避難所，抗拒建制不人道壓
迫，而要求個人快樂的實現，這不可能是整體的，因爲整體的
關係正在不義和暴力的枷鎖之下，可以容許的只是個人的空間。
從這角度看，粗淺的享樂主義是強制及高壓的意識形態控制下所
出現的反應，也只能是極本能的和極爲直接和當下的。馬庫色了
解到享樂主義的追求是片面的，也甚至是短視及病態的，他指出
享樂主義「妥協」的一面：

> 這（妥協的一面）可在享樂主義對幸福主觀的一面之抽象
> 理解中找到，也在它不能分辨眞與假需要和眞及假享受中
> 找到，它接受個人的需要及旨趣是簡單的事實及本身就有
> 價值的。事實上，這些需要和旨趣本身，不單只是它們的
> 滿足，都已經包括人生長的階級社會中帶來的扭曲、壓抑
> 及虛假。對享樂主義的肯定同時已經包含對階級社會的肯
> 定⑪。

這樣的分析揭示了批判理論重要的立場，這和黑格爾及馬克思的
思想有相同之處，批判理論相信快感或快樂（無論是官能上得來
的或感受上的），都一方面不單是幸福的伴同條件，（在人與人
及人與社會和諧關係下產生的，這也是亞里士多德幸福論對它的

---

⑩　同上，p. 167.
⑪　同上，p. 168.

解釋），而且在更複雜或更完備的社會及人際關係下，快感及快樂可以得到提升，成爲更美好和高尚的。相反，在不公義和不合理的社會關係之下，快感及快樂，也只可能是病態的及扭曲的。因此，快感或快樂往往不是獨立而有意義的，佛家稱快樂「無自性」，也是這個意思，而當它眞成爲某種特定社會及人與人的關係中所容許的滿足時，它就往往是病態和片面的，要追求更大的滿足，可能要摒棄快樂，而要實現整體的幸福。

單是以依比鳩魯的享樂主義爲例，它就切合馬庫色所批判的「負面享樂主義」，

> 因爲它的原則不是追求快樂，而是更大程度上逃避痛苦。
> 快樂要比對的眞理（理想），只是逃避和旣定社會秩序衝突，結果是得到社會容許的認爲是可慾的快樂[52]。

依比鳩魯所追求的，結果是種明哲保身的智人之內心安寧 (tranquility of the sage)。

馬庫色這種分析和背後引申的立場，自然地要深入解釋眞正的快樂（幸福）和社會的關係。馬庫色認爲古希臘社會中，希臘人的幸福只是一小撮人在脫離勞動痛苦的生產過程，才可享有的；到了資本主義社會，勞動及享受勞動成果看來是所有人的，但在現實中，「生產和消費、勞動和享受之間，並沒有建立一個理性的關係。」[53]結果勞動可以是艱辛的及被低貶至勞役的地位，而能享受的可以只足夠倖存及補償生命及肉身的耗損。沒有

---

[52]　同上，p. 170.
[53]　同上，p. 173.

生產和消費、勞動和享樂之間的合理關係，結果消費被孤立出來成爲主觀追求的目的，而產生現代社會消費式的享樂主義，勞動只被低貶成爲手段。爲了達到眞正的幸福，對資本主義的社會不平等的批判及改革，才是眞正的社會合理取向。

〈有關享樂主義的討論〉這篇文章，展示了「享樂主義」的出現，是有獨特的社會條件或社會關係的，特別在資本主義社會的生產條件不合理分配之下，勞動或工作成爲一種手段，消費成爲生命的唯一目的，而這種消費享樂主義帶來的享樂，也只會是變了質的，和人與人共同生活追求的整體幸福並不吻合，它不單有排斥性、停留在個人的癖好、官能刺激之上及甚至是負面及病態的，這些都會是它的特徵，事實上，到了六十年代，這種消費享樂主義在先進國家普及成爲大眾文化，對消費享樂主義的批判，也會成爲對大眾文化的批判，馬庫色在這裡已經替他未來的發展鋪好了哲學理論的基礎。

第七章　從社會到個人的解放——《愛慾與文明》

《愛慾與文明》

(*Eros and Civilization*)

　　一九四一年馬庫色出版了《理性與革命》，進一步分析了黑格爾、馬克思及二十世紀初的社會哲學思想。事實上，這本書最大的價值，是馬庫色對黑格爾思想的全面整理，使讀者能對黑格爾的思想有較系統及全面的理解，這本書可以算是對黑格爾思想系統化解釋的最早一本，同期的只有盧卡契 (Lukács) 的《青年黑格爾》(*The Young Hegel*)，但可惜它只能在戰後出版，而也只針對黑格爾早期到《精神現象學》成熟期的解釋，不同於馬庫色較全面整理黑格爾思想，及更針對後來的社會理論和這體系的關連。本書不會走進探究這問題中，主要因爲《理性與革命》在解釋馬庫色思想，並不算中心資料，也未能達到新的突破。

　　二次大戰期間，馬庫色加入了美國國家的「戰爭情報辦公室」(Office of War Information)，負責分析中歐的政治形勢，在戰後更搜集納粹戰犯資料。但在冷戰開始及麥卡錫的白色恐怖時期，馬庫色還是對右派的盲目恐共及鷹派的戰意表現對抗的態度。一九五四年，他在 Brandeis 大學重執教鞭，繼續他中斷十多年的學術研究生涯。一九五五年，他出版了驚世鉅著《愛慾

與文明──對弗洛伊德的哲學探究》（*Eros and Civilization—A Philosophical Inquiry into Freud*）

一、思想的背境

《愛慾與文明》 並非是馬庫色短時間的成就， 早在三十年代，霍凱默及阿多諾就深入研究弗洛伊德的著作，而這風氣也影響到馬庫色。不過，四十年代末及五十年代初，馬庫色再深入研究弗洛伊德的思想，可說有兩大原因。首先是霍凱默及阿多諾在一九四七年在荷蘭以德語出版了 《啟蒙辯證法》（ *Dialectic of Enlightenment* ）當中對文化的論述涉及個人及集體的心理學，引起了馬庫色對這問題的關注。此外，在五〇到五一年間，馬庫色在「華盛頓精神治療學院」(Washington School of Psychiatry) 講課，也爲了這些有關心理分析的課題研究了一些重要的問題，成爲《愛慾與文明》的思想藍圖。

早在一九四八年，在馬庫色批評沙特 (Jean-Paul Sartre)的名著《存在與虛無》(*Being and Nothingness*)那篇文中，我們就可見到，馬庫色對個人心理結構和社會關係的連繫，在理解上的一點端倪。馬庫色不單批判了沙特二元化的「自爲」(pour-soi, consciousness, cogito) 及 「自在」(en-soi, being-in-itself)，到最後把一切收歸爲 「自爲」 的對象， 無論是認知上或是慾念上。而沙特理解中人的自由，也是極端的， 即使連受迫害及摧殘的人，也只會是自願的及自由就範的。這樣，馬庫色恐怕沙特的自由可以同樣開解壓迫者及被壓迫者，根本看不出什麼客觀的價值，特別當沙特強調極端的 「存在先於本質」，而存在只關乎個

人的存在，結果這種存在主義掉入了「超驗唯我論」(transcendental solipsism) 之中。

馬庫色相信沙特的「存在主義」，還背負著一種過氣的個人主義理論的色彩，難怪這和笛卡兒的心物二元及萊布尼茲的「單子」的自主性極相近。

> 那「為我」(pour-soi) 表現出絕對自主、永恆擁有及永遠處理安排（一切）的特性，……在這存在主義的虛無主義式語言背後，隱藏著的是自由競爭、自發、及平等機會的意識形態之語言❶。

但在法西斯、戰後高度發展的資本主義及史達林式的共產主義社會中，「為我」，所遇到現實的挫折和無奈，是不難理解的。馬庫色認為沙特的錯，是他把人的歷史存在本體化了(永恆化了)，也同樣把歷史本體化了，以為人的歷史及個人的生命，只歸乎人的本體結構來分析的解釋。結果人的「存在」等同他的「疑問態度」、「完全自由」（配合海德格「被拋」(geworfenheit/thrownness) 及「自我創造」等的結構當中），而忽略這些並非人「存在」永恆的結構，而是歷史某階段中的事實❷！

沙特這種個人主義，結果在面對他人方面，也衝不出自己的慾望，他人成為自己慾望的對象，特別是「性慾望」，馬庫色批評這種理解，最後是把他人及自己都「物化」了，完全由「快樂原則」來支配。這裡我們看到馬庫色開始引用弗洛伊德的語言來

---

❶　Herbert Marcuse: *Studies in Critical Philosophy*, p. 174.
❷　同上，pp. 163-165.

理解人與人之間的心理交往和關係。批判理論和沙特式的存在主義最大的不同，是批判理論相信人的自由是建基於人與人在社會中的生活關係必然的一面和創造的一面之間的關係。

> 事實上，唯物主義的信念是革命的，這在於它是唯物的，即是說：當它把人的自由由意識的領域帶到物質滿足、由勞役到享受，由道德到快樂原則❸。

批判理論強調人的自由，是要首先在面對生存的需求及客觀社會條件制限下，必然要付出的代價之外，還可容許的自由，但這制限不是永恆的，而是依據歷史客觀條件而改變的。自由不是無目的的，自由是對生活幸福的追求和人的創造和潛質的表現，不過，

> 在達到這「烏托邦」的理想之前，唯物主義教導人那些決定（制限）人生活的必然性，才能透過解放來打破這些必然性。因爲他的解放正等同禁制的消除❹。

如何解釋歷史不同階段中的社會和物質條件的限制？禁制在這些境況下如何出現及怎樣表現？這些客觀條件如何改變？解放如何可能？烏托邦的目的或整體幸福又會是些什麼？這正是馬庫色要在《愛慾與文明》中要處理的問題。

---

❸ 同上，p. 185.
❹ 同上，p. 185.

二、弗洛伊德的社會心理範疇和批判理論的文化範疇

　　一般人對弗洛伊德的理解，是他是心理分析的創始人，特別對人的「後設心理」(metapsychology)和「性」有一定的研究。不過，若我們細心考究弗洛伊德一生的著作和關懷，我們可以看到，心理分析、心理治療、後設心理學及性論等，只是他研究成果一小部份，當然這不是不重要的部份，但「心理分析」關心的問題，不單只是個人心理的範圍，而是更涉及社會心理和文化心理等人類社會更廣泛的問題。

　　當然，我們不能不首先肯定弗洛伊德最大的成就，是擺脫了傳統醫學單把精神病看成和肉體疾病一樣的偏見，他的《歇斯底里的研究》(*Studies on Hysteria*)首先指出人有精神的領域，而在《夢的分析》(*The Interpretation of Dreams*, 1900)中，他更找出夢及幻覺和心理壓抑的關係，把心理病結合到人苦痛的經驗及心理的強烈反應，而這往往和人與人的不正常（壓迫）關係有關。但除了他的〈性學三論〉(Three Essays on the Theory of Sexuality, 1905) 及對〈無意識〉(The Unconscion, 1915)、〈自我及原我〉(The Ego and the Id) 及特別在《精神分析引論新論》(*New Introductory Lechues on Psycho-Analysis*, 1933)中，全面整理出「超自我」、「自我」及「原我」等「後設心理學」(metapsychology)的成素等成就外，更重要的，是他深入探究心理分析應用的範圍，原來不單停留在精神病者身上。早在他解釋「笑話及它們和無意識的關係」時，他就指出笑話、錯字用語等可能就抒發出個人的心理鬱結。他的《圖騰和禁忌》

(*Totem and Taboo*, 1912-13)、《幻覺的未來》(*The Future of an IIlusion*, 1927) 及 《摩西與一神宗教》(*Moses and Monotheism*, 1937-39) 等, 是他把心理分析應用來解釋宗教的起源和發展的嘗試; 而他的《文化及它的不滿者》(*Civilization and its Discontents*, 1930) 就是他用心理分析探討人的藝術活動的典範。弗洛伊德這些研究, 使我們了解到無論宗教、藝術及社會文化, 都和人的心理種種表現有關。

馬庫色完全掌握弗洛伊德的基本思想, 而他的《愛慾與文明》就是要展示弗氏思想——即「心理分析」的哲學及社會引申, 而不是提出一些弗氏思想體系中的觀念的改良或重新解釋的意見。簡單地說, 他不是執著於心理分析的部份概念和在心理治療中這些概念和實踐的分化解釋的意義; 他關心的, 是心理分析的文化觀和社會觀, 如何透過集體、社會及文化心理和其它的社會理論溝通和銜接, 甚至替社會理論帶來新的視野。

在闡釋弗洛伊德的心理分析理論中, 馬庫色最著重的觀念分別是:「文明」、「禁制」和「本能」。他在引言中界定它們說:

「文明」是和「文化」互通的, 就像弗洛伊德在《文化及它的不滿者》中的用法一樣。

「禁制」及「禁制的」是非專門的應用, 用來指涉意識及無意識、外在或內在的約束 (restraint)、限制 (constraint) 或壓抑 (suppression) 的過程。

「本能」是對應弗洛伊德 (德文 trieb, 英文 drive) 的觀

念，指向人類（心理）機能原始的「衝動」，它們歸附於歷史的轉化（modification）；它們也有心靈及肉體的表現形態（representation）❺。

在引言中，馬庫色一開始就宣稱：弗洛伊德的前提：「文明是建基於人類本能的永恆抑制，是一直爲世所接受的。」不過，馬庫色認爲更重要的問題是：個人要承受的壓抑或禁制而付出的代價，是否可抵償文化給予個人的好處？這個問題極爲重要，因爲若個人要付山的代價大於文化給予個人的好處的話，我們爲何還要服從？這裡其實牽涉個人受禁制的代價，和文化給予個人的好處之間的衡量標準的問題。不過這兩個問題對弗洛伊德都不重要，因爲弗洛伊德是文化悲觀主義者，他相信文化對個人的禁制和壓抑是「無可避免及不可扭轉的」，對他來說，

> 人的本能需要的自由滿足和文明的社會是勢不兩立的：（文明）進步的先決條件是棄絕及延遲滿足❻。

馬庫色另一個文化的界定是：

> 使「利比多」（libido 卽慾望種種的需要表現）有方法的犧牲，把它僵硬推動的偏向導至對社會有用的活動及表現，就是文化❼。

---

❺ Herbert Marcuse: *Eros and Civilization*, p. 8. (London: Ark Paperbacks, RKP, 1987.)

❻ 同上，p. 3.

❼ 同上，p. 3.

這種把「利比多」導向正軌的力量包括工作、家庭及社會秩序、也可以是宗教、藝術和其它文化活動。

這裡最中心的問題，是馬庫色疑問弗洛伊德的信念，弗氏相信文明的禁制是永恆的，而馬庫色質疑這觀點，他希望探究並引證出文明的禁制只是人類生存在某些特別的歷史組織中的結果。這觀點是基於馬庫色相信在現今高度文明中，我們人類的「物質及精神的成就好像可以容許我們創造一個真正自由的世界。」這觀點需要引證。此外，更需要解釋的，是為何在客觀條件本來可容許一個真正自由和沒有禁制的情況下，禁制和殘害，在現代科技文明中的野蠻主義等，還延續著，甚至和「科技及物質文明」一同攜手發展下來？最後，馬庫色要求一種什麼樣的社會和政治的關係？人和自然及人和人之間，又會以什麼生活方式彼此在一個新世界中生活下去？馬庫色要解釋弗洛伊德，不單是弗氏的觀念和理論體系可接觸、展示及解釋這些問題，而是更進一步：

> 首先，弗洛伊德的理論意念本身好像駁斥了他慣常否定了歷史中可有一個沒有禁制的文明這種可能性。而且，第二，禁制式文明的成就本身，就好像創造了可漸漸取消禁制的先決條件❽。

三、個人的及文化的禁制史

在《愛慾與文明》的第一至第三章中，馬庫色著手解釋個人心理及文明中禁制的出現。在這問題上，馬庫色一開始就把黑格

---

❽ 同上，p. 5.

爾和柯耶夫(A. Kojève) 對黑氏精神現象學中的主人──奴隸關
係（辯證）的引申，和弗洛伊德的個人及文化心理學理論相比
擬，

> 人類自由及幸福的命運是透過本能的掙扎而展現及決定的
> ──是實實際際生與死的鬥爭──箇中有慾與靈、自然與
> 文化的參與❾。

馬庫色解釋弗洛伊德心理學的發展，是由性（利比多）及自我
(ego) 的對立所形成的心理結構思想開始，發展到他後期以「生
的本能」(eros)（即愛慾）和「死的本能」(thanatos) 的對
立，成為了社會及集體心理的結構原素，這點上是大抵和弗氏思
想的發展理路很符合的。

　　明顯地，馬庫色關心的，當然是對社會及文化心理的結構，
遠遠多於個人心理的結構，結果是馬庫色把弗氏後設心理學中的
「超自我」、「自我」及「原我」(superego, ego, id) 等概念，
放在更寬濶社會及文化的層面中討論。他用「快樂原則」(plea-
sure principle)及「現實原則」(reality principle) 來統攝個人心
理及文化心理中禁制的問題。「快樂原則」是大部份不自覺的，
追求「當下滿足、快樂、樂趣（玩耍）、接收（被動及享受的）、
及無禁制」；相反，在現實原則的統制下；「延遲滿足、制限快
樂、辛勞（工作）、生產及安全」等，是理想目標，而這一切是
大部份自覺的。

　　由於現實生活中，無制限的快樂是和人生命境況中種種物質

---

❾　同上，p. 21.

匱乏及自然和人類環境等條件約束相反的，在個人的成長中，現實原則一定駕御快樂原則，歷史上最有趣的例子，莫過於「柏拉圖」在〈費德魯斯〉（Phaedrus）的對話篇中，提到理性的御車者，要駕御氣質（spirit）的馬，來幫他合作控制慾望的馬。（Phaedrus，253c-254e）在這種情況下，

> 人類學會放棄短暫、不肯定、及具毀滅性的快樂，來攫取延遲、有限制但是肯定的快樂。依照弗洛依德的觀點，由於透過放棄及制限而得來的恒久的利益，現實原則保障多於撤消，轉化多於拒絕快樂原則❿。

「現實原則」對「快樂原則」的制限是重要的，也是正面的，它把快樂原則要求快樂的毀滅性本能，帶到和既定制度、規範和關係配合的滿足方法上，馬庫色相信因此：「快樂是轉化了。」而個人的心理，也由一大堆動物性的慾望衝動，轉變成有組織的「自我」。在「現實原則」的督導之下，

> 人發展了理性的功能：他會去測試現實，分清好與壞、真與假、有用或有害。人獲得注意、記憶及判斷的能力⓫。

但除此之外，還有人的「幻想」，（phantasy）還是和人的「快樂原則」連結的，而其它一切，都歸轄在「現實原則」之下。

---

❿ 同上，p. 13.
⓫ 同上，p. 14.

　　不過，馬庫色解釋下的弗洛伊德心理分析，還有歷史文化的一面，隨著歷史的發展，自然匱乏及社會中自然和人的條件改變或改善，「現實原則」和「快樂原則」要跟隨這些因素相調整，換句話說，「現實原則」和「快樂原則」之間的壓制關係，不是永恆的，而是跟隨歷史文化的進程也會改變的。不過，弗洛伊德是悲觀的，他相信沒有禁制的文化是不可能的，這方面新保守主義者如丹尼爾‧貝爾（Daniel Bell）等也和弗氏立場一致，新保守主義相信人類永遠面臨新的匱乏，後（現代）工業的社會，最人的匱乏莫過於時間和資訊。這方面馬庫色看法不同，他相信文明中有合理及不合理的禁制，而在高度發展的社會中，若達到最低禁制的社會關係，人的幸福油然而生，成為愛慾（eros）的實現。相反，在高度文明中，若為鞏固既定不合理關係而施行強暴的禁制，則只會激發人的毀滅力——thanatos（死的本能），這對立成為「文明和野蠻、進步和受苦、自由和不幸福的內在連繫」。馬庫色理解弗洛伊德的觀點，是基本上樂觀的，他相信人在生命之中，追求幸福是必然的，（這點也反映出批判理論和亞里士多德的「幸福主義」（eudaimonism）是相契合的），生命最大的意義，是追求幸福及延遲死亡。在這角度來看，「死的本能」並非自然而然的，

　　　　它的出現只為減低壓力，走向追求死只是逃離痛苦和需求
　　　　（做成的壓力）的不自覺行為，這是永恆對抗受苦及禁制
　　　　的表達[12]。

---

[12]　同上，p. 29.

在解釋「原我」(id)、「自我」(ego) 及「超自我」(superego) 的關係問題上，馬庫色完全跟從弗氏的理解❸。把「自我」看成是「本我」的延伸，以中界「本我」和現實世界的關係。「自我」因此要扮演雙重角色：

> 自我經驗的現實，是絕大程度上敵意的，而自我的態度也因此絕大程度上自衛的。另一方面，由於現實曲折地提供滿足，(雖然只是轉化了的滿足)，自我要拒絕那些滿足後會自毀生命的衝動❹。

「超自我」的出現問題，也表現了馬庫色和弗氏的觀點一致，「超自我」最初是家長對兒女的保護和督導，後來由社會機制來代替，而這些規範最後內在化成爲「超自我」，主要是自我「意識」中的部份，成爲「良心」(conscience)。

從這複雜的機制來看，「文明的進步是一種有組織的統制 (domination)」。不過，馬庫色隨即在兩點上補充了弗洛伊德的理論，他認爲弗氏把文明進程這社會發展看成是自然（生物）式的進程，是基本上錯誤的。若一切是自然（生物）式的進程，歷史不單沒有意義，而一切人與自然的關係（也反映在社會關係中），也會是自然發展的，和自動調節改變的。這點馬庫色不能同意，他相信文明進程是人與自然（必然）及人與人在社會

---

❸　參看Sigmund Freud: *New Introductory Lectures on Psychoanalysis.* 第三十一講，有關「人格的剖析」(Dissection of the Personality), pp. 88-112. (Middlesex: Penguin, 1975)

❹　Herbert Marcuse: *Eros and Civilization*, p. 31.

（自由自主）之間兩種關係的互動。 在某一個歷史階段中， 自
自然然會產生一種主導的現實原則的歷史形態， 這就是「表現
原則」（performance principle）， 簡單地說； 每一個歷史階段
都有它特有的經濟及社會活動的模式。 另一方面， 還有「剩餘
（過量的）禁制」（surplus repression）， 這種禁制不同於（基
本）禁制，基本禁制強調本能為了在人類文明中被社會接受，要
轉化自己。但「剩餘禁制」是指一種本來在某特定「表現原則」
的社會中，不必要的禁制，但只是為了社會統制而存在，變成一
種單為鞏固權力而存在的過份暴力， 故此， 「統制和理性地行
使權力不同。」馬庫色對統制和權力理性運用提出一個明確的劃
分:

> 在任何社會的分工中， 都會有權力（authority），它是由
> 知識引申出來的，局限在實施功能及對整體發展必要的安
> 排之內。相反，統制是由特別一小撮人或個人施行的， 目
> 的是為了支撐及加強他們本身特權的身份，這種統制不會
> 排斥科技、物質及智性的發展，但這些都只是不可避免的
> 副產品，而同時維持不理性的置之、需求及制限❶。

統制在某特定的歷史形態中，會透過特別的制度來附加對個人的
控制，這種超過現實原則需要， 而對本能禁制性的控制， 就是
「剩餘禁制」了。
　　文化中的禁制表現的形式很多,道德的規範是最重要的環節,

---

❶　同上，pp. 36-37.

而其中性禁制是最明顯的及重要的，在這方面，馬庫色和弗氏一樣極重視性（sexuality）的問題。人類社會一直以來把性滿足壓抑著，把性和繁殖後代連結起來，

> 部份本能的滿足及不涉及繁殖後代的性部份……，都被當作禁忌，成為變態，或把它們昇華及轉化成為繁殖之性的附屬⑯。

馬庫色批判的傳統性觀念，是因為這觀念不單把性和婚姻及繁殖後代等同了及功能化了，也因此排斥婚前及婚外性行為，此外，傳統性觀念更把性看成是生殖器官的感受和功能，把人與人的溝通、感受及交往，以至其它生殖器官以外各部份感覺的滿足，看成是或排斥為「變態」。結果，「愛樂斯」（eros，愛慾）只簡單地等同性生殖行為，而歷史上人與人複雜的溝通和感受的交往，因此被平面化了，結果也更能支撐冷漠的人與人互為手段的關係。在這境況下，馬庫色甚至肯定變態的行為：

> 為了對抗一個把性看成為達到一種有用途之目的的社會，變態行為把性看成是自為目的的；它因此把自己抽離表現原則的管轄範圍之外，及挑戰這基礎⑰。

馬庫色認為文化的禁制是多面化的，除了本能，還有昇華了的需要，也只能在容許的形式下表達，如〈愛之死〉（Liebestod）的

---

⑯ 同上，pp. 40-41.
⑰ 同上，p. 50.

場面，在馬思奈 (Jules Massenet) 的歌劇〈懷特〉(Werthert)
中，「樂蒂」(Lotte) 意會到懷特會自殺，在他死前走到他身旁，
互訴衷曲。而華格納 (Richard Wagner) 的〈特爾斯坦與依索
蒂〉(Tristan und Isolde)中也有男女主角因不能結合，而互相仰
藥自殺。愛慾的滿全只能在死中找到，生存下去只會違背婚姻的
制度。馬庫色指出這種愛慾的高度昇華，最後和死的本能結合，
充份顯現文化的禁制，拒絕愛慾在生活現實之中滿全。值得一
提的，是歌德《少年懷特的煩惱》這本小說中描述的自殺場面，
和馬思奈的歌劇截然不同，少年歌德在一七九四的「狂颷年代」
(sturm und drang/storm and stress)，安排懷特吞鎗自殺，但
鎗彈未能命中腦部，而整晚喘息至死，樂蒂知道懷特死訊也不敢
來見，可見歌德和現實的不妥協，相對來說馬思奈的處理是較為
庸俗和與現實妥協了。

在第三章中，馬庫色開始處理禁制的歷史形態，在這方面他
也緊隨弗氏的分析和理解。首先是「出生之驚愕」(trauma of
birth)，馬庫色接受嬰兒由母親絕對保護和安全的體內，走出娘
胎而經歷了生命第一次驚愕，由那時起，他就要開始學習要禁制
自己的本能。不少心理學家現今強調胎兒的經歷對他後來生命的
影響，但馬庫色更強調後天因素，以顯示他重視社化的過程為個
人性格及成長的重要階段：

> 在童年期間現實原則完備了它的工作，它表現的徹底和嚴
> 屬程度，致使那成長了的個體的行為，幾乎不能超過一種
> 童年經驗及反應的重覆模式⑱。

---

⑱　同上，p. 55.

在童年階段中對父母的依賴、依達佩斯情意結（oedipus complex）及前性器官的性表現（pre-genital sexuality）等，都是典型的成長階段經驗。不單如此，馬庫色更和弗洛伊德一樣，強調歷史階段中的文化社會境況做成人的心理遺留：

> 文明仍被它古舊的遺留（archaic heritage）所決定，而這遺留，弗洛伊德強調，包括：「不單只是傾向，還有理念內涵、以往世代經驗的回憶痕跡。」⑲

　　這裡我們看到馬庫色從兩方面比擬弗洛伊德和馬克思的理論，首先是馬庫色把弗氏和馬克思強調傳統社會的結構是有決定作用的，無論是弗洛伊德強調人類整體的社會心理結構下的社會，或是馬克思心目中經濟生產組織下結構的社會，這一切均可稱爲是人類的前期史（或史前史）（pre-history），而其每一階級，都嚴重影響下階級的發展。對弗氏來說，這種「古舊的遺留」，是不能克服的。不過，馬庫色就比較樂觀，他和馬克思的見解一致，相信社會的解放是可能的，新的歷史階級若眞能透過社會生產的突破和人類社會理性的組織配合而出現，則社會傳統心理結構和社會傳統的權力結構，就會瓦解，使幸福能眞正出現。

　　另一方面，在這前期史的階級，個人是沒有眞正獨立的個性的，個人的心理結構是受到社會集體的心理所影響，就如馬克思相信在傳統的階級社會中，個人的身份和利益，是無可避免和社

---

⑲　同上，p. 56.

會上矛盾的階級利益認同的。眞正的自由和個性，要在理想的社
會中，才能表現出來。換句話說，無論弗洛伊德和馬克思，都會
承認個人的心理，其中重要的內涵，是和其他人的關係關連在一
起的，這種觀點和亞里士多德界定人是社會的動物，是異曲同工
的，人的個性只能在人與人中間──卽是社會之中完成。馬庫色
對這方面的解釋更細緻，他相信：

> 自覺和理性是征服及塑造了歷史的，但它是在禁制（包括
> 內在和外在，）的形象中完成。它們做過統制的工具；它
> 們帶來的自由（當然是可觀的）也根植在奴役的土壤之上，
> 及這些土壤也帶著它們成長的痕跡[20]。

　　馬庫色在解釋弗洛伊德的人類心理發展史的進程中，完全取
納了弗洛伊德的歷史觀點，認爲人類原初是生活在原始人羣中，
而父權是佔有女性（母親）及禁制壓迫兒子的基本生活形態，而
兒子弒父成爲禁制的出路，弒父之後出現母系社會的自由階段，
然後又由新父權的「反革命」形式再出現，而回到父權社會。文
明的眞正來臨和「兄弟部族」（brother clan)出現連結在一起，
因而出現「父親形象的神」、「罪惡感」等，以信念形式來推行
禁制，以推展文明的發展。事實上，馬庫色甚至相信基督教中的
原罪，也是這種弒父情意結的表現，成爲一種罪咎感，要耶穌
──「子」的死來抵償。
　　在這解釋上，我們不必拘泥接受馬庫色的正統弗洛伊德的見

---

　　[20]　同上，p. 57.

解。事實上，我們並不能在歷史上找到證據說明原始部族是父權中心的。而母系社會的出現，也並非和父權社會交錯，它大抵和農耕的出現依賴女性採摘和收集的經驗有關，而這和大地肥沃及肥沃宗教及新石器文明的出現等，都有關連，而父系社會之發展是在母系社會之後一直不斷至今。故此，要把弒父及戀母情意結像弗氏及馬氏看成是歷史事實，是一定錯的，單這戀母情意結是在父權社會出現之後一直連綿至今，是種不容爭議的事實，而文明的進程可以憑這種禁制的關係，和其在不同社會及生產條件的演變中，也就可以得到一個完滿的解釋了。

不過，馬庫色儘管一方面接納了正統弗洛伊德武斷的歷史發展觀，但在對現今社會心理發展方面，他卻能提出對弗洛伊德的世界觀之批判。他一方面接納弗氏對宗教的解釋：「宗教只是種幻覺」。但另一方面，他卻批判弗洛伊德的科學觀。

首先值得我們重視的，是弗洛伊德的宗教觀。對弗氏來說，宗教只是一種世界觀，

世界觀是種智性的建構，它基於一個跨越一切的假設，劃一地解決我們存在的所有問題。這個假設可解答一切問題，而一切我們關心的都找到它們固定的位置[21]。

宗教的功能可有三方面：

它提供有關宇宙來源及出現的解釋；它提供信眾在生命的

---

[21] Sigmund Freud: *New Introductory Lectures on Psychoanalysis*, p. 193. (Middlesex: Penguin, 1973.)

起伏中保護和最終幸福（天堂）；它以全面的權威來肯定
一切信條，以指導信眾的思想和行動[22]。

弗氏相信科學在第一個功能上和宗教相當，但在第二個功能上，
它往往比不上宗教，它只能要求世人接受痛苦，而不能答允最終
的幸福。當然，在第三個功能上，它比宗教優勝，因為科學沒有
教條，只能憑對事態研究來做判斷。不過，對弗氏來說，宗教在
人類的進化過程中[23]，

> 它並不是永恆的收穫，而是精神病的另一種表現形態（一
> 種集體精神病），這是個別文明的人在他由孩提時代到成
> 長過程中要經歷的階段[24]。

不過弗洛伊德相信科學仍是更可靠的，儘管「科學（發展）的路
途是緩慢、遲疑及艱辛的。」科學是可以締造人類前所未想到的
改進，而宗教世界觀就不可能改進[25]。

　　弗氏在批判馬克思主義中，指出馬克思主義的錯誤，是單把
經濟動機看成是人類生活動機的一切。儘管弗氏也和馬克思一
樣，承認經濟動力往往以前被人忽略。此外，弗氏反對馬克思單
把人類社會的禁制和敵意單看成是階級的問題。最後，弗氏並不
相信社會可像馬克思主義者相信：人類可達到地上的烏托邦。不

---

[22]　同上，pp. 196-197.
[23]　參看同上，p. 197.
[24]　同上，p. 204.
[25]　參看同上，pp. 210-211.

過，弗氏思想最關鍵的，是他相信科學進步的意義：「……直至新的（科學）發現可增加我們控制自然力量及使我們需要的滿足更為容易，否則社會秩序的全面改變很難有成功的可能。」❷ 但卽使如此，人類不可馴服的天性，還是不可改變和永無休止的鬥爭歷程，這點弗氏悲觀地深信不疑。

馬庫色在評估弗氏理論的意義中，表現很特別的立場，首先是他惋惜弗氏的觀念接近「科學主義」 (scientism)，因為弗洛伊德把「心理分析」看成是「科學的一部份」❷。這種看來是毫無「幻想」的觀點，是背棄了「宗教仍然保存對和平及幸福毫不妥協的渴望」❷。馬庫色批判弗洛伊德的思想，是不單因為他的科學主義極接近啟蒙思想 (enlightenment)，而是更因為他的思想墮入了啟蒙的辯證 (dialectic of enlightenment)之中。馬庫色這種觀點，基本上是採納了霍凱默及阿多諾在《啟蒙辯證法》中的立場，強調科學不單帶來人類社會更大的物質文明及幸福的可能，也同樣帶來更大殘害的可能，幸福和殘害與科學的關係是怎樣的，或在什麼社會關係中會怎樣呈現，是個重要的問題。

四、文明的辯證 (The Dialectic of Civilization)

文明發展像是我們每個人都相信的，問題是：發展是什麼意思？發展要人類付出代價嗎？這又會是什麼代價呢？

文明發展最根本的意義，可以說是人類社會物質條件的改

---

❷　同上，p. 218.
❷　同上，p. 219.
❷　Herbert Marcuse: *Eros and Civilization*, p. 73.

善，科技進步是其中最重要的環節。對弗洛伊德來說，文明的進步需要人慾望上的禁制，這種慾望禁制的完成，需要很強的道德規範及對慾望滿足可能產生的罪惡感。弗洛伊德接受文明的發展需要禁制，禁制是要把「性的力量」（sexual energy）轉化成為工作的力量，本來追求性滿足的力量要轉化成為勞動力。事實上，無論是以基督教或儒家的思想為例的道德主義思想，都強調壓制慾望（特別性衝動），以轉為保障社會的（生產）秩序。這種禁制的方式也轉化成為一種昇華（sublimation），無論是道德的褒獎、美感的滿足或宗教答允的死後天國。不過，同時弗洛伊德相信，昇華帶來了「非性化」（desexualization），性滿足的消解可以帶來毀滅及敵意的本能㉙。可是，馬庫色立卽補充，並非所有工作都是「非性化」的，也並非都是不帶來樂趣和棄絕生命意義的，這點引發了馬庫色相信「美感」的活動或藝術的創作的意義，甚至連政治及宗教實踐相信可能實現的烏托邦或地上天國，也可以是種具建設性的工作。馬庫色甚至認同弗氏的了解，認為在歷史不同的文化階段中，人類本能具侵略性的衝動得以轉化為對社會有利的工作，是極有意義的。問題的產生，只在於在一些社會中（包括資本主義社會），勞動成為割離的及痛苦的活動，才產生社會問題。

　　馬庫色對這方面的批判，完全集中在現今的資本主義社會的身上，他提出了「禁制」及「剩餘禁制」（surplus-repression）的分別，來解釋他對資本主義社會關係的分析和批判。根據他的了解，以往社會禁制往往有需要的，如中國要官僚層來劃分治水、

㉙　參看同上，pp. 82-83.

生產和行政管理的社會分工。不過，在社會建制過份強壓時，也自然有反抗，如羅馬時期公元前一百年以「斯巴特克斯」(Spartacus)爲首的鬥士，反抗殘酷的羅馬殖民及鬥士制度(gladiators)，中古到文藝復興的農民革命及一七八九的法國大革命等，都說明過份壓制做成的反效果。不過，馬庫色更關心的，是現今高度發展的資本主義社會裏，存在的禁制方式的合理或不合理性。隨著文明的發展，人類社會的物質條件得到改善，社會及經濟生活上的禁制當前，也應預期更大的社會回報，馬庫色相信：

> 結果，禁制的必要性及由禁制產生的痛苦，會因文明的成熟程度及人們達到對自然及社會理性主宰的程度而改變。（換言之）⋯⋯ 物質及理智的進展會大量減少棄絕（快樂）及勞役的需要[30]。

可是，馬庫色認同弗氏對資本主義現實的分析，（在這方面韋伯（Max Weber）也有相同見解，）文明進步帶來更大的禁制：「⋯⋯ 統制變成更非個人化（impersonal）、更客觀、更普遍，及也更理性（rational）、有效和有成果。」[31] 隨著文化的發展，社會統制的方法也跟進發展，就如馬庫色所說：「由古代奴隸反叛到社會主義革命，被壓迫者的鬥爭結果是建立一個更新及更好的統制制度。」[32] 馬庫色關心的，是爲何革命總會帶來更大的禁

---

[30]　同上，p. 88.

[31]　同上，p. 89. 對韋伯來說，資本主義的理性化，也象徵了資本主義的體系更複雜及分化，也表現在不斷透過科層化（bureaucratization）加強對人及社會的操控。

[32]　同上，p. 90.

制方式及政治統制的新秩序？特別在現今資本主義中，高度物質的發展本來可減少禁制，達到更多人更大的滿足，爲何還有禁制，而這些又是以什麼形式表現出來？馬庫色認爲當今禁制及社會統制的現實，並不能簡單地透過權力的現今情況、生產力的未成熟或欠缺階級意識等解釋來解答❸。以往人類社會肯定禁制的藉口，是要爲了克服物質的匱乏，但現代社會可以透過科技克服匱乏。馬庫色更相信不少地方現今的匱乏，是出自資源分配的不平等，而不是出於大然及人力資源的匱乏。總的來說，批判理論相信人類物質文明到了現今，是可以使人類生活及社會產生「質的」變化的，可是這一切並未能出現，這成爲了一個政治的中心問題。對批判理論來說，現代的資本主義社會其實只是一種極權主義，它運用的控制，並不是傳統法西斯主義的意識形態——如民族（德國）或古文化（意大利追溯羅馬帝國文化）。它運用的是更複雜的形態：

> 推動無思想的空暇活動（娛樂大眾文化）、「反理智意識形態」的勝利，都是這潮流的事例。……也容許性禁忌的舒緩❸。

馬庫色批評現今的社會，和新保守主義在七十年代對「後工業社會」的批評，是極相近❸，事實上，馬庫色承認「家庭之社

---

❸　同上，p. 90.

❸　同上，p. 94.

❸　新保守主義中提出「後工業社會」的，當然是丹尼爾・貝爾（Daniel Bell），他和馬庫色都批評傳統的家庭及價值觀，都在社會的複雜化下，失去了意義。可參看貝爾的《後工業社會的來臨》(*The Coming of Post-Industrial Society*) 一書。

會功能的沒落」，早在三十年代，就由霍凱默提出來分析討論了
㊱。 不過，馬庫色在這裡的批判，是進一步深入探討和揭示了家
庭的功能沒落的背後，所標誌的新集體主義社會的問題。

馬庫色的分析是循著心理分析的觀點著手的，首先是針對傳
統家庭的角色：

> 透過和父母這兩個愛和敵意的個人目標的鬥爭。年輕的一
> 代進入大部份是充滿自己個人的衝動、觀念和需要的社會
> 生活之中。結果，個人超自我的建立，衝動的「禁制性改
> 變」、放棄及昇華，都是非常個人的經驗㊲。

這裡的分析是說明了傳統社會中， 家庭透過撫養、 教化及祉化
（socialization）， 擔當了塑造每個個人的性格的中心角色。 可
是，自從資本主義社會的出現，家庭作為經濟及生產的角色，首
先被自由交換、生產及勞動的市場經濟所吸納。隨著自由資本主
義的壟斷化， 政府更推行集體的教育， 以提升個人的技術，以
適應日新月異地轉化的資本主義生產模式。當然，女性漸漸被勞
動市場所吸納，也成為家庭祉化和教育角色式微的重要原因。馬
庫色這觀點在後來「哈伯瑪斯」（J. Habermas） 的理論中，更
解釋得清楚，哈氏在他的 「後博士論文」（Habilitationsschrift)
中， 就提到社會及私人領域的兩極化（ polarization of social
and intimate spheres)， 即是：「……家庭變成越來越隱私，而

㊱ 參看霍凱默的 Studies on Authority and the Family 一文，可
在他的《批判理論》（*Critical Theory*)一書中找到，（New York:
Herder and Herder, 1972)。

㊲ Herbert Marcuse: *Eros and Civilization*, p. 96.

工作及組織的世界，就變成越來越公眾。」❸ 這裡哈氏的意思，也就正好指出家庭的角色越來越隱私，成爲私人生活及消費的單位，而以往家庭承擔的經濟、教育和個人保障的角色，漸漸由國家所取代了。

可是值得我們注意的，是馬庫色把這社會體制的演變，和個人心理結構的演變連結在一起，發展出一套集體心理的解釋。事實上，早在二、三十年代，無論是右派或左派的社會理論家，都注意到集體社會 (mass society)的出現，做成了個人和個人、社會和個人之間種種關係的急劇變化。保守方向的人仕，是害怕集體社會會使人忽略了傳統及家庭的價值，使人變成更自私及唯我，這大可算是神聖價值世俗化的衝擊。而左派的理論家更關心的，是社會體制越來越壟斷及龐大，做成個人更無助，結果可能導致集體主義的社會——如法西斯及史達林式的社會模式的出現。馬庫色的理論，就是依循後者的分析方向。他關心的，是人格成長中，本來「超自我」是父親的延伸，但在集體社會中，卻起了很大的變化：

> 但是現在，在經濟、政治和文化壟斷的統治之下，成熟的超自我 (superego) 的形成，好像略過了個人化的階段：那發展的原子變成是社會的原子。本能的禁制性的組成好

---

❸　Juergen Habermas: *Structurwandel der Oeffentlichkeit*《公眾領域的結構轉變》德文版是 (Darmstadt: *Luchterhand,* 1962) §17, p. 184。（英文譯本是 MIT Press 出的，可參看 §17)。這是哈伯瑪斯的後博士論文，是凡要爭取做大學教授資格的人士，在拿到博士學位後，還是做的研究結果，經五位教授組成的委員會通過後，才頒受的資格，得這資格的人士，可在大學德國任職講師 (Dozent) 及教授。

像是集體的，而自我 （ego） 好像是被整個家庭以外的體
制及其代理人的體系過早社化了❸。

馬庫色所理解的家庭以外的體制及其代理人，當然一方面是
指形式的教育及工作體制，但也更指向大眾傳播媒介對我們現代
人的影響：

甚至早在就學年齡之前，朋黨、電臺及電視，就訂定了邊
從或反叛的行爲；對這些行爲模式上偏差的懲罰，往往不
是在家庭範圍中，而更是在它之外或針對它。大眾傳媒的
專家傳遞社會需要的價值；他們提供在效率、堅強度、人
格、夢幻及浪漫各方面完美的訓練，家庭教育再不能和這
種教育方式競爭❹。

家庭及社會之間的兩極化，其實嚴格來說，只是說明家庭傳
統的功能在不斷減少，而首先是以前家庭提供給子女的照顧、教
育和經濟生活，漸漸被社會取代。但更重要的，是以往家庭由父
母提供給子女的價值觀上的社化，也由社會接替了。馬庫色引申
說：

在一代與一代之間的鬥爭中，角色似乎是被轉換了：兒子
知道得更多；他代表了成熟的現實原則，對比失去意義的
家長形態。那以前 （在依達佩斯境況下） 是敵意之下首

---

❸ 參看 Herbert Marcuse: *Eros and Civilization*, p. 97.
❹ 同上，p. 97.

先的對象，後來變成一個相當不適合的敵對的目標。父親
這財富、技能及經驗傳遞者的權威，大量地減低了。他可
提供的少了，而因此他可禁制的也少了㊶。

　　馬庫色這套解釋基本上解答了傳統社會以前珍惜的神權、君
權和父權一脈相承的價值，爲何在解體中的問題。社會高度制度
化，使個人式權威的影響力越來越減低，代之而起的是對社會不
同形態的力量——政治制度、經濟制度和社會制度的服從和認
識，社會上的價值觀自然駕御了個人權威的價值觀了。

　　面對這種世俗化的發展，不同思想體系，會有不同的回應，
以新保守主義爲例，它就強調世俗化只會帶來個人主義及其種種
後遺症，如自戀、自私及享樂主義，對抗這一切，只能回到強調
家庭、愛國主義及宗教價值。這種回復世俗化以前的神聖價值的
主張，就是典型保守主義的內涵。馬庫色的觀點就截然不同，他
雖然是見到世俗化帶來了個人主義及其種種的病態，但他並不因
此就認爲這就是現今社會中個人和集體意識的一切；相反，這些
自戀自私和享樂主義，只是個人及社會集體表現的一面，他強
調：

　　　仍然，限制還廣泛存在，對本能的禁制式控制仍然存在，
　　同樣存在的是那敵意的衝動。（問題是，）誰是那原先敵
　　意的衝動，所指向的父親之代替品㊷？

㊶　同上，p. 97.
㊷　同上，p. 97.

馬庫色相信現代資本主義社會，還是對個人及集體施行種種禁制，事實上，連新保守主義者貝爾也承認，晚期資本主義的經濟生產制度還是強調效率和表現的，也還是有高度的強制性，令他費解的，只不過是在生產活動以外，個人及集體就表現出種種個人主義及世俗化的病態。這一點正是馬庫色要解釋的地方，馬庫色及批判理論的學者，都相信晚期資本主義的社會禁制和它容許的個人主義的種種病態的表現，是相關連的，可說是一個銀元的兩面。要批判個人主義，也就同樣要檢討晚期資本主義社會的壟斷體制和其禁制。這方面是新保守主義忽略了的，因爲它基本上接受了社會上現存的生產制度，更奇怪的，是它會倒果爲因地批判晚期資本主義的經濟運作；對新保守主義來說，國家高度介入，是他們最反對的，但是他們並不相信這只是壟斷資本主義下，國家必然要介入緩和社會矛盾的手段，他們希望回到自由資本主義的個人自主的世界中。此外，新保守主義者還相信人類社會永遠有匱乏，而資本主義也因此會發展下去，貝爾就相信後工業社會除了要克服能源危機外，還要面對「時間」和「資訊」的匱乏。

　　馬庫色的觀點和新保守主義，基本上極不同的，這是馬庫色對晚期資本主義的社會現實，不單有更複雜的理解，也有更深刻的批判。首先是資本主義的晚期發展，以社會體制代替了家庭的傳統角色，連傳統家長式的禁制也改變成爲社會體制的禁制方式，「而當統制僵凍成一個客觀行政的體系，指導超自我發展的意象也漸漸非人格化了。」以前的主人、族長及家長等，本身同時是恩威並施、信賞必罰的人格，導致尊敬和仇恨的心態，使個人的生活取向有認同或反抗的對象。可是，到了現代資本主義社

會，「所有統制的方式都表現爲行政的形式，」結果，社會原來他虐的人物都消失在制度的背後，大資本家、擁有社會既得利益和特權的人，都像一下子轉化成爲科層機器中的精靈，再不明顯有跡可尋，而人們天天面對的，是科層上一個個的個人。在這境況下，馬庫色看到現代人心理的矛盾：

> （現代社會中）個人的痛苦、無助和挫折感，來自一個有高度生產力及有效運作的體系，在這體系中他可獲取比以前更好的生活❸。

　　簡單地說，馬庫色指出的，正是資本主義社會中，由於社會體制的複雜化，社會規範及其價值要求也更形複雜，個人不能很簡單地判斷出一個社會中的各複雜社會制度的好壞，或其規範和推行方式是否合理。在以往人與人相處簡單的關係和體制下的價值觀，結果並不適用於現代社會，而個人的自我認同及價值觀也因此極爲模糊，正如馬庫色分析說：

> 組織個人生命的責任，與「整體」及「制度」結連一起，那是決定、滿足及支配他需要的制度的整體。那敵意的衝動跳入一個眞空之中──或更確切地說，仇恨面對的是微笑的同事、忙碌的競爭者、服從的職員及樂於助人的社會工作者，他們都在盡自己的責任，而且全部都是無辜的犧牲者❹。

---

❸　同上，p. 98.
❹　同上，pp. 98-99.

面對社會制度的複雜化，現代人的確是很難弄清楚生活現實裡每一個制度的目的和運作的合理性，而在這些制度不斷產生種種問題時，個人像是根本無能為力似的，無論是經濟、政治或社會秩序的危機的出現。結果，現代人的生命，的確是繫上很大的無能感，這種無法舒解的敵意內在化變成罪咎感，不單是表現出現代人梳理不出理性的社會價值，解決不了種種的危機，更找不出社會危機、社會問題和個人生活方向與挫折感的根源。

馬庫色明白到回復傳統的家庭、國家和宗教的價值，並不能解決問題。但無論如何，馬庫色描述傳統個性中的超自我在解體，還是像有惋惜之意，使人感覺到馬庫色還相信個人的自我塑造及個人的理性價值觀的形成，是有重大意義的，這點要在後面我們討論他的美感領域及烏托邦思想中再探討。起碼我們可以肯定的，是馬庫色也基本上接受了韋伯的「理性化」的觀念，是現代文明不可扭轉的發展，而他反對及批判的，不是「理性化」，而是「理性化」連同單一的社會組織的模式，馬庫色花用極大的篇幅來描述這個現象：

> 退步的不是（生產的）機械化和標準化，而是卡限它們的方式；退步的也並不是普遍的協調，而是把這一切隱藏在有問題的自由、選擇和個性之中。在大企業領域下的高生活水平是，在嚴格的社會學意義中，具限制性的：個人買的貨物及服務，會控制他們的需要及敗壞他們的官能；為了交換豐富他們生命的商品，這些個人不單要出賣他們的勞力，還要出賣他們的餘暇；更好的生活要付出生活上受更廣泛支配的代價。人們居住在集中的生活單位中──他

們擁有的私人汽車並不能帶他們逃去一個不同的世界；他
們擁有裝滿冷藏食物的大冰箱；他們擁有只支持同一理想
的大量報紙和雜誌；他們有無數的選擇、無數的物件，它
們都一致地爲了保持使他們忙碌，而因此把注意力帶離開
了眞正的事情上──那就是他們本來可以醒覺到他們可工
作少點及能決定他們自己的需要和滿足[45]。

馬庫色這一番話明顯地說明現代化本身並不是問題，現代化本身
是個手段，若它只爲鞏固晚期資本主義的社會關係，而忽略了
現代化要締造人類眞正整體的幸福，則現代化可以帶來人類社會
更大的殘害。故此，馬庫色對晚期資本主義的意識形態最嚴厲
的批判是：「今日的意識形態在於生產及消費只爲再生產及肯定
（reproduce and justify）統制（domination）。」[46]

　　對馬庫色來說，現今晚期資本主義的文明，是把兩双的劍，
它一方面帶給部份人類前所未有的富裕、舒適和奢華，把整個世
界都捲入工業生產之中。但另一面是隨著這高度物質文明所帶來
的苦難、辛勞和毀滅[47]。而且，「個人要付出犧牲自己的時間、
意識及夢想的代價；文明要付出犧牲自己給所有人承諾的自由、
正義和和平的代價。」[48]

　　馬庫色在這一章中表現的態度，和班雅明（Walter Benjamin
在〈藝術在機械再生產年代〉（The Work of Art in the Age
of Mechanical Reproduction）的觀點極接近，他們都相信晚期

---

[45]　同上，pp. 99-100.
[46]　同上，p. 100.
[47]　參看同上，p. 100.
[48]　同上，pp. 100-101.

資本主義的特色，是指出晚期資本主義的法西斯傾向，正如班雅明點出：「現今人類劇烈的赤貧化（無產化）和集體(masses)急劇的形成，是同一事態的兩面。法西斯主義嘗試不用透過財產關係的改變，來組織新形成赤貧的集體，雖然這些集體只能透過財產關係的改變才能消解。」⓭ 馬庫色和班雅明都了解到「理性化」的發展，若不帶來人類社會組織更大的自由、平等和正義，換句話說，更大的解放，則結果是更大的禁制、暴戾和犧牲。班雅明在三十年代初，預期的是法西斯主義美化了戰爭，指向可怕的第二次世界大戰，而馬庫色在五十年代見到的及預期的，「是集中營及勞改營、殖民地及內戰，和（帝國主義國家對小國的）懲罰遠征軍等。」⓮ 馬庫色所批判的「法西斯主義」並不是兩次大戰期間的意大利及德國法西斯而已，他見到的，是晚期資本主義下新的法西斯主義，西方殖民或超級大國利用自己優越的物質條件加強自己社會對內的思想控制和對外的帝國主義侵略，當然還有史達林主義控制下的「現實社會主義」(Real Socialism) 的獨裁和暴力統治。馬庫色強調科技的正當和不正當運用，不單是量的問題，還反映政治上質的不同：

> 這是多過只是一個量的分別：無論是戰爭只是由職業軍人在局部地方發起或是在全球程度對抗不同的全部人口；是利用本來可以使世界脫離苦難的科技發明來征討或創造苦難；是數以千計的人生於戰爭或數以百萬計的人透過醫生

⓭　參看 Walter Benjamin: *Illuminations* 中"The wook of Art in the Age of Mechanical Reproduction"一文，特別epilogue 的開始。

⓮　參看 Herbert Marcuse: *Eros and Civilization*, p. 101.

> 及工程師的協助而被毀滅；……是人們本身的愚昧或是被每日接收的資訊和娛樂變成愚昧。恐怖手段和正常狀態，毀滅和建設揉合起來，像是一樣新的輕而易舉之事態[51]。

馬庫色看到的現代資本主義社會，不單能利用文明的進步來發動更大規模的戰爭，也更能排除或消滅異己，並利用自己社會的建制和資源來支配人民的思想及生活方式，「進步的理性化加強了（禁制的）組織和導向」。人民的個性和幸福，都化爲社會上的典型——消費者、母親、家庭主婦、事業婦女、事業形男性、情郎等，幸福也只是主觀的感受，可透過購買某些產品來滿足得到。馬庫色要批判的，是這種具高度社會操控的資本主義，連人的幸福意識也扭曲了：

> 幸福不是單單滿足的感受，而是要（生活）在一個自由和滿足的現實之中。幸福涉及知識：它是理性動物（人）的尊嚴。在意識的沒落、資訊的控制、個人被大眾傳播吸納等之中，知識是被操控和限制了[52]。

馬庫色控訴的，是現代資本主義社會，無所不用其極地透過教育、娛樂及大眾傳播來締造人的信念、價值觀和滿足的方式。

這裡我們很容易懷疑馬庫色是否過份醜化晚期資本主義社會？難道人民就這樣容易被擺佈嗎？若操控是這樣強烈及廣泛，而人民又容易被擺佈，則結果不就是一種文化悲觀主義？馬庫色

[51] 同上，p. 102.
[52] 同上，p. 104.

一方面要在承認晚期資本主義的巨大體制和操控能力之外，相信批判的理性和革命的潛質，還大有可為。不過，禁制和解放之間有什麼微妙關係？人的慾望在現今社會得到更大的滿足，為何這又會是更大的禁制的糖衣？慾望和禁制在人類文明中扮演什麼角色？這都是馬庫色要處理及解釋的問題。

五、哲學史上的愛慾

《愛慾與文明》的第五章，是馬庫色對哲學史中的重要哲學理論的重新解釋，以求找出哲學思維中隱藏的社會心理和文明發展內涵的成素，來展示弗洛伊德的後設心理學和西方哲學相吻合之處。

首先是西方哲學的「理性」和「主體」，基本上和弗氏理論中的「現實原則」及「自我」相吻合。自希臘文化開始，「理性」（logos）就是了解及安排一切秩序的最高原則，到了亞里士多德，理性成為綜合一切的力量，無論是知識、科學及道德或其它價值領域；理性成為了創造力的象徵，要駕御和控制一切，

> 這理性的理念變成越來越敵對那些不是生產，而只是接收的能力及態度。這些接收的能力及態度只傾向自我滿足而不是超越，它們因此是強而有力地效忠快樂原則。它們表現為不理性及非理性的，要被征服及收攝起來，來服務理性的發展。而理性是透過對自然更有效的轉化和利用，來保證達到人類潛能的充份實現[53]。

[53] 同上，p. 111.

馬庫色因此提出「工作意識」的出現，透過勞動或工作來實現人的潛能，這在亞里士多德的體系中，是以「實踐」的觀念來完成的，（體力的勞動對亞氏來說是不合乎人的價值的，只適合畜牲和奴隸，）而在黑格爾的思想體系中，勞動是奴隸建立自我意識的必經階級，也只能透過它來掌握世界和創造歷史，這點馬克思是繼承了，理解為無產者創造自己的社會身份、尊嚴和自由的過程❺❹。不過，批判理論並不滿足於舉揚理性及「工作意識」，而是更關心點出這種傳統埋性的制限，它的問題是把理性對自然的控制（外在控制）及對感受的壓抑和對慾望的禁制，漸漸由手段看成是目的，而工作結果駕御一切，幸福變成遙遙無期。結果，「獻給具割離性勞動的時間，吸納了滿足個人需要的時間──前者更甚至界定了需要本身。」❺❺ 本來看來是實現人的潛質的理性活動，竟變成了統制的理性(logos of domination)，而這種統制的理性不單要控制自然，還要控制人。

　　雖然馬庫色 理解到亞 氏和黑格爾都 對生命的 最終幸福有理解，但馬庫色也明白到他們這些理解的理論制限，也同樣是他們歷史的限制。馬庫色批判亞里士多德的玄思，是因為他認為亞氏的「神的理性」（nous theos）並不是現世的，也和現實世界和生命割裂的，它只是對現世幸福一種虛幻的渴望的表現而已，並無實際內涵。不過，馬庫色相信這種渴望在西方文化是根深蒂固

---

❺❹　馬庫色在這一章，pp. 112-116 的地方，對黑格爾的「勞動」觀念及「主人與奴隸」的關係有詳細的演繹，可和「柯耶夫」(A. Kojève) 及波力 (Jean Hyppolyte) 對黑格爾這方面的解釋比美。本文關心的是黑格爾對理性和幸福觀念的解釋，故此對上文的基本概念不再加篇幅解釋。

❺❺　同上，p. 111.

的，這正正是因爲

> 滿足的理性（追求）(logos of gratification) 和割離的理
> 性 (logos of alienation) 是相矛盾的：西方形上學的內
> 在歷史積極表現的，正是要協調這兩者的力量⑯。

同樣，馬庫色對黑格爾的「絕對精神」的批判，也是依循他對統
制理性的批判的理路。 他特別抗拒的， 是黑格爾結果以歷史文
明的「回溯」(remembrance, 德文 erinnerung, 表示追憶、
回顧、回想等意思，也有「內在化」 internalization 的涵義)，
來協調思想和歷史中的種種矛盾。馬庫色對黑格爾「絕對精神」
的構想表示不滿，是因爲黑格爾把現在等同是過去的結果，一切
是自我（絕對精神）實現的必然的心路歷程。這種觀點是批判理
論積極反對的，因爲這種觀點結果把歷史一切的暴戾和不義，看
成是歷史的必然。更且，這種心路歷程只是哲學家的滿足方式及
自由自足的表現，與社會及國家的發展無關，「解放因此只是一
種心靈的事情，黑格爾的辯證仍然停留在旣定的現實原則所建立
的框框之內。」⑰批判理論所關心的， 是眞正自由和解放的實
現，這要具體在歷史、政治和社會的領域中出現，而不單只是在
哲學家的心靈之中。

　　無論亞里士多德或黑格爾所倡導的幸福，都可以反映弗氏文
化觀的分析，在現實原則面對要克服物質匱乏的境況下，禁制是
必要的，而「快樂原則」受到了限制，「幸福」或「愛慾」的實

---

⑯　同上，p. 112.
⑰　同上，p. 118.

現，要以昇華的方式來出現，無論是玄思或絕對精神，都是這種
渴望幸福和滿足的方式。不過，這份的禁制及缺乏昇華的方式，
會引致「死的本能」的出現，要擺脫禁制及壓抑，而在人類的文
化發展中，昇華和暴力的毀滅以對抗社會禁制，只是愛慾表現的
兩面。換句話說，只要生命還能體現幸福的來臨，愛慾可限制死
之本能的毀滅性，但當禁制不能答應任何可能幸福的實現，愛慾
就被削弱，而「死的本能」的毀滅性就在人類歷史舞臺中肆虐
了。馬庫色批判傳統「理性中心主義」(logocentrism)，是基於
他反對傳統思想強調一種禁制的理性，而忽略了生命的本能──
愛慾的實現，後者才是生命的目的。在這一章中，無論馬庫色引
叔本華 (A. Schopenhauer) 把生命的本質看成是意志，或謝勒
(Max Scheler) 把生命看成是原動力：「一種要駕御自然的有意
識或無意識的衝動，或一種權力意志 (will to power)。」又或
者是弗氏埋解生命的本質，是愛慾，這些現代反傳統理性的哲學
觀點，都正面肯定生命追求幸福的意義：

> 存有 (being) 是本質上追求快樂的，這種追求變成人類
> 生存的目的：文明裡的本能之根源，是一種愛慾的衝動，
> 要把生命的物質結合成更大及更能延續的單位[58]。

馬庫色對生命提出的肯定，最強而有力的，是他對尼采的生命哲
學的解釋，不單是繼承了霍凱默和阿多諾在《啟蒙辯證法》一直
以來對生命的正面肯定的態度，也對傳統哲學對個人的禁制提出

---

[58]　同上，p. 125.

批判，這種立場避免了正統馬克思主義者把尼采解釋爲主觀唯心及反理性主義者，或右派及法西斯主義者把他解釋爲一個自我肯定及不擇手段的進化主義者。馬庫色揭示尼采的思想最中心的，是他對西方哲學及宗教思想禁慾主義及自我否定的批判：

> 尼采揭露了西方哲學和道德建基的巨大謬誤——卽是，把事態變成本質，歷史的變成形上的條件。人的軟弱和失落、權力和財富的不平等，不義及苦難等，都歸咎於某些超越的罪惡和罪咎感；反叛變成了原罪及不服從上帝；而追求滿足就是淫慾❺❾。

馬庫色對尼采的肯定，而接納了尼采對傳統形上學、宗教和道德主義的批判，同時也表明馬庫色對弗洛伊德昇華理論的不滿，因爲弗洛伊德基本上還是接受文明是充滿不可擺脫的禁制的，因此宗教及道德主義也還是有它存在的意義，因此，對弗洛伊德來說，文明還是需要宗教和道德的禁制。而馬庫色支持的生命哲學，是積極的，也和尼采的見解有所認同：

> 對尼采來說，解放依賴扭轉罪咎的意思；人類要進展到把（錯誤的）羞慚之心連結起對生存本能之否定，不是連結起對生存本能的肯定，連結起對禁制性的理念的接納，而不是對它的反叛❻⓪。

---

❺❾　同上，p. 121.

❻⓪　同上，p. 124.

儘管馬庫色和批判理論家認同尼采對生命的積極肯定，但批判理論並不強調尼采的堅忍主義，把痛苦也看成是激發生命力的泉源；他們也並不接受「永恆輪迴」 (eternal return) 的形上觀點。相反，批判理論家更關心的，是整體幸福在歷史上的實現。

六、既定現實原則的歷史制限和突破

《愛慾與文明》的第六至第九章，可以說是馬庫色對弗洛伊德的思想一種全面的重新解釋。第六章集中分析現今資本主義社會的生產力，已經可以突破弗氏的文化宿命論。第七章強調理性以外，「想象力」 (imagination) 及「烏托邦」的意義。第八章是透過對比希臘神話中的「普米修斯」 (Prometheus)、「奧菲爾斯」 (Orpheus) 及「納爾西斯」 (Narcissus) 的形象，來解釋文化追求的解放真義。而第九章是馬庫色批判理性的中心思想，表現出他希望透過建構一個嶄新的「美感領域」 (aesthetic dimension)，來處理文化解放和自由的新義。

馬庫色在這裡一開始就批判資本主義的「表現原則」 (performance principle)，他認為要求大量的勞動及禁制，只是在晚期資本主義運作下要求的社會運作模式，也只是在特定歷史條件下，「現實原則」的一種表現方式而已，在這種境況下，當然是對我們生活在這社會中的人，有極大的「道德禁制」，以壓抑對幸福的追求。可是，

> 若歷史進程傾向使（晚期資本主義社會的）表現原則的制
> 度失效，這也會傾向使本能的組織（形式）失效──換句

話說，本能會由表現原則要求的種種限制和疏導中解脫出
來。這就引申一個漸漸撤銷剩餘禁制 (surplus repression)
的真正可能性。因此，更大範圍的毀滅力會被加強了的
「利必多 (libido)」所吸納或中和❻。

批判理論基本上相信，物質文明帶來的進步，可以減輕禁制的嚴
屬性——如工作的辛勞，也更可撤銷「剩餘的禁制」，即不必要
的禁制或壓迫，而使人本能對滿足的追求可更能實現，把對這些
追求的禁制撤銷了，也可以減退「利必多」反抗禁制而產生的毀
滅力。不過，這構想當然要解釋以下的連串問題：（1）人追求滿
足的本能，是否永遠是反社會及需要禁制的？（2）文明進展是否
真可舒解毀滅力，建立更美好的秩序？弗氏基本上相信人的慾望
本能是反社會的，一定需要禁制。此外，文明進展對弗氏來說，
是不單物質充裕，而更是社會體制的複雜化（這點和韋伯觀點相
近），結果需要更複雜的秩序和禁制性的規範。

馬庫色反對弗氏悲觀的觀點，也其實是根據弗氏理論中另一
些觀點的。首先馬庫色強調弗氏也承認「……… 本能的特性是
『歷史中得來的』」❻ 這樣一來，歷史中的基本條件轉化的話，
本能的特性也會轉化。這裡的解釋，我們在黑格爾和馬克思的思
想模式裡，也可見到，批判理論也當然繼承這種思想，而強調人
的理性、慾望及需求，是沒有永恆的本質的；反之，它們的發展
是和人類文化及社會進步同步前進的。不單如此，無論弗氏、馬
庫色及其他批判理論家，都承認感受或慾望的滿足，更是跟隨歷

---

❻ 同上，p. 131.
❻ 同上，p. 138.

史和文明的發展而同樣轉化的，這種轉化中最有意義及重要的，
是昇華(sublimation)，昇華所指涉的，不單是人類對自己的慾望
在物質文明發展中，能表現及整理出一種行爲的模式，如飲食文
化、邂逅及婚姻的習俗，更重要的，是在未能達到滿足時，對
慾望能有所表達及滿足有所憧憬，「想像力」就是這種表達的
泉源，而它牽涉的範圍很廣，由「幻想」(phantasy)到「烏托
邦」，在文化中種種神話及傳奇的象徵到藝術的表現，都可以說
是慾望昇華的表現方式。

　　第七章的探討，就是以「幻想」和「烏托邦」做中心，以對
比慾望和「現實原則」的角力下，在人類歷史文明中的種種化
身。在弗氏的心理分析中，就強調人類的心靈往往以幻想來補償
「現實原則」對慾望的禁制，這能力是人類心靈的重要部分，也
是禁制下，個人能夠容許自己的唯一自由。不過，馬庫色不同意
弗氏單把「幻想」看成是一種脫離現實和幼稚的活動，他強調：

> 幻想在整體的心靈結構中，扮演一個最決定性的角色：它
> 連結無意識(unconscious)的最深層和意識(藝術)的最
> 高尚的產物在一起，它連結夢幻和現實在一起；……❻。

事實上，馬庫色這種解釋「幻想」的方法，無疑是把幻想的內
容由主觀的滿足伸展到客觀昇華的滿足方式上去。我們其實也不
能不承認白日夢、夢想和藝術意念，是一個有連續性的心靈活
動的表現。當然在白日夢的極端是自我的、隱私的和欠缺規律和
原則的，相反，在藝術的一端就是溝通的、客觀和充滿規律和

---

❻　同上，p. 140.

原則的。

把這一切超越禁制性現實的思維方式提昇出來，可以算是馬庫色重新解釋弗洛伊德思想的一個獨特的成就。這種「構想力」(imagination) 是「理性思維」(rational thinking) 的對立面，共同構成人類心靈 (mind) 的活動。這兩種心靈的表現各有特點：

> ……這部份的心靈（理性）得到解釋、操控和改變現實的全部能力——可控制記憶和遺忘力 (oblivion)，甚至界定現實及制定現實如何可被利用和改變。但心靈機制的另一部分（幻想）是仍然脫離現實原則的控制——它的代價是變成無力量、不貫徹及不現實。………（結果）理性當道：它變成不令人喜愛，但卻有用和確切；幻想保持令人喜悅但變成無用、不確切——只是玩耍和白日夢⑭。

馬庫色的分析並不停留在此，他強調：

> ………幻想還有它自己的真理的價值………。想像力憧憬個人和整體、慾望和它的實現、幸福和理性的融和。當這種和諧被現實原則搬到烏托邦的領域上去，「幻想」仍然強調它一定及事實上能夠實現，而在這幻覺之後面存在著知識⑮。

---

⑭ 同上，pp. 141-142.
⑮ 同上，p. 143.

　　不過，馬庫色在這裡提出的融和、烏托邦，新的現實及知識，只是能在藝術的領域上顯現，以達到「………感官和理性的和諧──對統制組織生命的邏輯所發出的永恆抗議，對表現原則的批判。」⑯馬庫色在這裡提出對藝術想像力的多種界定，表現出它的多種功能，如「對不自由（unfreedom）的否定」、「藝術表達………解放那被禁制的意象的回歸、藝術是對抗。」馬庫色意識到藝術這「偉大的拒絕」（great refusal）是「對抗禁制」及「爭取最終自由」，而這也是實現社會所能容忍的對抗方式的極限。在政治哲學中，這種思想的結晶就是「烏托邦」。不過，在歷史中，烏托邦往往被低貶爲假象和不切實際，但馬庫色相信傳統的烏托邦思想是要逃離到文明之外，無論是「莫爾」（Thomas More）的烏托邦或中國「桃花源」，都把烏托邦看成是歷史過去或以外的理念，但馬庫色強調的烏托邦，是和文明進步攜手並進的，「它預設了文明的最高成熟階段」成爲可以實現的理想。

　　批判理論家對資本主義社會的批判，主要不是基於反對物質富裕，他們承認物質富裕是一個理性社會發展的基礎，目的是要達到普通人的富足，資本主義社會的發展替一個理性的社會的出現，創造了必要的條件。但是，一個理想的社會，並不是要人人過奢華的生活，這只會對社會造成很大的能源及資源的耗損。因此，馬庫色心目中理性的社會構思，是要求人類對物質條件有更理性的安排，馬庫色相信儘管人類社會有很大的物質文明的進步，匱乏及不成熟（的思想和經濟），仍然會制限著社會，使「各取所需」不能實現。他相信人類社會的物質及思想的資源是有

---

⑯　同上，p. 144.

限的，要達到普及滿足每人的基本需要的話，社會經濟佈局要重
新組織，而整體的基本生活改善，要大量的高生活水平的人，也
相應會降低生活水平的，但這只是要他們放棄一種過態和做作的
舒適，來使所有人可生活出一種人性的生命⑰。儘管這種觀點很
容易被人理解爲一種赤色恐怖及平均主義，但我們可以循一個更
理性的途徑去看待它的，特別在我們如今九十年代，地球上的確
有更多發展起來的國家，但貧窮和富有之間的差距愈來愈大，很
多人過份奢華的生活，會成爲天天生活在饑餓和種種天然和人爲
災難中的人們的諷刺。這許多人的豪華生活，若有意識點收歛一
下，餘下給社會上受排斥的人可享有的，就會很多，而整體社會
也會更公義及更人道。不過，這不能透過樂善好施來完成，而是
透過國家的內政及國與國的幫忙來完成的，這是個政治課題。馬
庫色是基於一個信念：人的基本需要是有限的，來斷定社會發展
是以滿足這基本需要爲依歸，而資本主義已經有這種潛質，對他
來說，人類歷史透過資本主義，改造了社會的存在原則：在以前
匱乏的時代，社會的存在意義，是要達到「沒有壓迫性地去分配
匱乏」，母系社會就被認爲是這種模式的典範，到了如今，匱乏
是可以克服了，社會存在的目的，是爲了達到「理性地在克服了
匱乏之後，組織那充分發展了的工業社會。」⑱

在這個解釋前提下，馬庫色對弗洛伊德的思想提出一個重大
的修改，我們可稱這做馬庫色的扭轉 (Marcusian Turn)， 弗氏
的思想中心的觀念系列， 是「本能的禁制 —— 對社會有用的勞
動——文明」，在現今富裕的社會中，要被修改爲「本能的解放

⑰　參看同上，p. 151.
⑱　同上，pp. 151-152.

——對社會有用的勞動——文明。」⑲ 不過，我們都明白到今天
社會中，不單充斥著大量的奢華和浪費，另一方面，還存在著禁
制和不義，這兩者是伴同出現的現象，而馬庫色以「剩餘禁制」
這觀念來解釋現今資本主義社會畸型的現象。「剩餘禁制」的出
現，是因爲晚期資本主義社會強調奢侈消費，透過廣告及其它推
銷手法來製造更多的假需求，而最終結果只是爲了延續既定的極
度社會不平等的關係。因此，馬庫色堅持要突破既定的「表現原
則」，要建立一個新的現實原則，社會發展變成有了新的目的:
「它變成與限制人的能力、自由表現、辛勞、疾病和死亡等的對
抗。」

　　在人類歷史上，禁制和解放是恆常對立並存的成素，馬庫色
在第八章上，就透過對「普米修斯」(Prometheus)、「奧菲爾斯」
(Orpheus) 及「納爾西斯」 (Narcissus) 的神話形象，來解釋人
類對禁制和解放的種種投射。

　　馬庫色認爲普米修斯是表現原則的典範:

　　　　他象徵生產力，及不斷要主宰生命的努力; 但是，在這生
　　　　產力之中，祝福和詛咒、進展和辛勞，是不可分割地纏繞
　　　　在一起⑳。

當然，在希臘神話，特別在「艾斯魯斯」(Aeschylus) 的悲劇
中，普米修斯把火和技術帶來給人，象徵人的智慧，而他那對
宙斯的抗命和不屈，也表現出人和大自然不屈不撓地搏鬥及要克

⑲　同上，pp. 154-155.
⑳　同上，p. 161.

服自然制限的努力❼。和普米修斯成強烈對比的，當然是女性的
「本多娜」 (Pandora)，她象徵「女性原則、性和快樂，表現為
詛咒──具阻撓及破壞力的。………女性的美及它承諾的幸福，
在工作的文明世界中，是種厄運。」❼ 事實上，普米修斯的精神
是具承擔的，及對將來無寄望的，這種道德主義和康德的道德觀
很相似，只求尊嚴（以值得幸福），而不求幸福。相反，「本多
娜」是好奇的，要求滿足的，結果在「現實原則」下，她的慾望
受到殘害和壓抑，而世界上所有魔孽，都歸咎於她的好奇和要求
感性滿足，面對現實原則的禁制和殘害，她還能擁有的，只是
最後柔弱的「希望」。神話看來真可以是人類現實和渴望的精化
和昇華的表現方式，這點馬庫色非常掌握。普米修斯在文明中代
表的德性及禁制，相對女性象徵的肉慾及感性的幸福，成為了文
明悲劇的重要成素，無論是米特亞 (Medea) 那對抗男性中心社
會及建制的心態，或是菲特爾拉 (Phaedra) 愛上自己丈夫前妻的
兒子（可參考尤里匹德斯 (Euripides) 的〈依布拉都斯〉(Hypp-
olatus) 或拉辛 (Racine) 的〈菲特爾〉(Phèdre) 兩齣名劇），或
甚至是萊誠 (G. E. Lessing) 的〈艾美利亞‧葛萊蒂〉(Emilia
Galotti) 中女主角德性與感性慾望衝突的悲劇。

　馬庫色相信古希臘文明中的「奧菲爾斯」(Orpheus) 及「納
爾西斯」(Narcissus)，都是反叛文明象徵──如辛勞、禁制和棄
絕感性幸福──的典型。普米修斯的文化典型是「推展及鞏固這
既定社會現實的」，只有「奧菲爾斯」及「納爾西斯」的文化典

---

❼　參看 Aeschylus 的 Prometheus Bound 〈被綁的普米修斯〉，
　　這是 Aeschylus 的三部劇 (Trilogy)中唯一流傳下來的第一部，
　　其餘的第二及第三部都散失了，只留下片段而已。
❼　Herbert Marcuse: *Eros and Civilization*, p. 161.

型是「爆破」這既定現實的，它的形象是「偉大的拒絕」(Great Refusal)，「拒絕接受與快感的客體（或主體）的分離」⑬。「奧菲爾斯」追求的，是要

> 在世上建立一個更高的秩序——一個沒有壓迫的秩序。在這個性中，藝術、自由和文化永恆地結合在一起⑭。

故此，馬庫色稱這種典型是「解放者」及「創造者」。同樣「納爾西斯」是象徵美及文思 (contemplation)，它追求的是一個美感的領域 (aesthetic dimension)，而馬庫色關心的，是要找尋這領域的特質。

第九章的〈美感領域〉(The Aesthetic Dimension)，是馬庫色批判理論的中心，這對人類美感活動的舉揚，算是繼承了自康德及席勒以來，對人類知識、慾望、意志和感受的一種綜合，馬庫色點出美感活動的特色：

> 它提供快樂，因此是主觀的；但由於這快樂是源於客體的純形式，它必然地及普遍地伴同美感的攝收——對所有攝收的主體（都有效）⑮。

馬庫色對康德的美學觀，有別具一幟的理解，他接受康德對「優美」(free beauty) 的解釋，說它是「沒有目的的目的性」

---

⑬　同上，p. 170.
⑭　同上，p. 170.
⑮　同上，p. 177.

(purposiveness without purpose)、「沒有法則性的法則」(law-fulness without law)。 從現代美學的解釋來看， 這只是說明「優美」是某種秩序、目的及規律的表現，但並不是任何一套既定的秩序、目的和規律，因為自然界及藝術界的規律是有無窮的變化。

馬庫色對這兩點的解釋， 並不單停在 美感的規律和 目的之上。他更關心的，是「優美」的本體，他認為優美基於一種美感的想像力（建構力）(imagination)，把優美的對象表現為脫離所有關係及特質，而成為自由的自身 (freely being itself)。美的自由表現在它呈現的規律，是不受任何既定目的及動機所控制， 這種規律或法則結連起「自然和自由」、「快樂和德性」(morality)⓰。

馬庫色根據席勒的理解，把美感及藝術的活動，看成是人自由自主的活動，並不像功能及利益的世界，只為既定的「理性」目標而服務，而因此充滿強迫性。藝術及美感活動是自由的，而「當人解脫外在及內在、肉體及心靈的制限，人才自由──當他不再被規律及需要支配。」自由被解釋為「脫離既定現實：當現實失去了它的嚴厲性及當它的必然性變成輕盈的。」⓱

明顯地，馬庫色是回應《啟蒙辯證法》(*Dialectics of Enli-ghtenment*) 中， 霍凱默及阿多諾對理性悲觀的看法， 他二人相信理性在現今 社會已經被 壓縮為「 工具 理性 」(instrumental reason)， 只關心科學上的 效率及滿足既定社會目標及制度的要

⓰ 同上，pp. 178-179.
⓱ 同上，p. 187. 這裡馬庫色是引用席勒：「 關於人類美感教育」(On The Aesthetic Education of Man) 中的理解。

求，理性變成了一種壓迫的工具。馬庫色的美感領域，就是希望
替自然及歷史、個人及社會、工具理性及其反面──非理性，找
出一個更高的理性基礎⑱。不過，這是否應該是一個本體的基
礎？什麼才是一個本體的基礎？這論點是否可確立？都是一些重
要的問題。

　　馬庫色並不相信美感的領域是可輕而易舉地得來的，他不會
像唯心主義者席勒，以爲這一切只是「美感教育」的問題，他的
「本體化」的理解，就是要解釋這「美感領域」實現所需要的客
觀社會條件，這客觀社會條件的意義，是說明「美感領域」的出
現，不是個人內心修養而已，而是所有人的生活關係及生活終
向。馬庫色在這裡提出了三方面的考慮：

　　a. 要把辛勞轉化爲玩耍，把禁制的生產轉化爲展現 (dis-
play) ──這種改變一定要首先透過文明決定性的條件──征服
需要（匱乏）來完成。

　　b. 透過一方面感性（感性的衝動）的自我昇華，及另一方
面理性的（形式衝動）「反昇華」(de-suldimation)，來使兩種
基本上矛盾的衝動得到調和。

　　c. 征服那作爲毀滅永恆滿足的時間觀念⑲。

　　他認爲這三方面的轉化，是把「快樂原則」及「現實原則」
調和起來。他稱頌自己的觀點，是給「唯心主義」和「唯物主
義」對文化的批判，找到一個匯合點⑳。他尊重唯物主義對文化

---

⑱　參看 Douglas Kellner: *Herbert Marcuse and the Crisis of
　　Marxism* (Berkeley: U. of Calif. Dr., 1984) p. 180.

⑲　Herbert Marcuse: *Eros and Civilization*. p. 193.

⑳　同上，p. 194.

的理解，是因爲他承認物質生活的充裕，是一個自由社會的必需條件，也是文化創造、美感教化等的必要基礎。這裡我們甚至相信在不平等及有物質匱乏的社會中，「美感的領域」不會是普及的，無論是古代社會或現今仍有強烈階級及不平等的社會，「美感」的表現往往只是低下層的辛勞工作（古代工匠、現代不少藝術家），而享受的是社會上層或現今社會的中上層，這種「美感」會分化成爲高品味，表現出一種階級的分別及排斥，一種（統治）階級的自我歌頌，而因此欠缺了整體的意識及意義，也往往把人類文明及藝術成果曲解了，化爲一種精神的享樂主義。沒有社會上基本的尊嚴及物質生活的平等，「感性領域」只會是既得利益者精神享樂的自戀而已。

馬庫色認同唯心主義的地方，是他並不單把社會物質條件的解放，看成是社會發展的目的，唯物主義者在人類平均分享社會資源及物質條件的要求上，是積極及有意義的，但這並不足夠，馬庫色要求人類在這豐盛的階段到達後，要把原始的「感性」及「慾望」昇華了，使它轉化爲對美、對人的自由和幸福的歌頌。這是人類以前爲了克服物質匱乏而被禁制了的感性和慾望，如今可以有自由表達的機會了。不過，這裡顯示了馬庫色更驚人的理解，他要求「理性」的反昇華，也卽是說，在人類克服社會匱乏期間，人類社會沿用的工具理性、對感性的禁制，到如今的社會階段，是可以放棄了，因爲物質充裕的目標已經達到了。

馬庫色把「美感領域」等同社會解放，雖然有一定的道理及社會意義，但還有很多的問題。

首先是他要解答爲何現今社會的生產條件已經可使人類整體得到物質充裕了，爲何現實還有極度不平等、災難和戰爭？看來

生產水平的發展，並不自動可帶來社會的平等及整體的幸福，傳統馬克思主義相信生產工具的演化可帶來生產關係的改變及最終共產主義的出現，是有問題的。馬庫色後來透過對晚期資本主義社會及大眾文化的批判，來接觸這問題。

　　即使我們真正有了物質條件上普遍的充裕，「美感的領域」也只可能是人的潛質，在美好的社會境況下，可憑個人的意願去實現或不實現。美感並沒有像道德一樣的必要要求，人與人之間共同生活，一定要有道德，這也反映出道德的強迫性，但這更需要道德是理性的，不過社會未必需要人人有美感，把美感看成是人類整體生活的終向，怕太強調了美感的價值的必然性，而使美感道德化了，要把美感看成是人人要完成的責任，是要求過份的。

　　最後，馬庫色引用的「美感」觀念，只源自「優美」的觀點，可能會太狹窄，使人誤會美只是「無目的的目的性」或「無法則的法則性」，而墮入唯美主義，把美看成只是感官上的刺激、修飾、和諧和秩序而已。真正美感的觀念，遠比這領域為濶，它可包括目的、技巧表現、題材的深刻、寫實、思想啟蒙、社會和政治批判等。馬庫色對這一切固然不會陌生，但他在「美感領域」的討論中，仍然很單元化。不過，他在後一階段，也有一些更具深度的處理。

七、愛慾的社會意義

　　第十章及第十一章都是討論「愛慾」（eros）的社會意義。在傳統社會中，性被「器官化」（genitalized）、「功能化」（functionalized）及「制度化」（institutionalized），使性集中在

男女性交、生育子女、及局限在父權的家庭之中，這樣的性只爲了既定制度而服務，也只能是受到禁制的社會關係，目的是要把身體其餘部份和性器官一樣，盡量去除滿足的機會，以把身體轉化爲勞動的工具。隨著物質匱乏的漸漸消除，「人的身體不再完完全全被利用做勞動的工具」，身體會重新性感化 (resexualize)。馬庫色相信「性器官的優越性」(genital supremacy)開始下降，人的身體會出現多種的「適合愛慾的部位」(erotogenic zones)。換句話說，人類感受到自己擁有更多更多需要快感的地方（無論是精神上或肉體上）。這種新的感受的方式，會帶來驚天動地的新社會關係：

> 這種快感關係在價值及範圍上的改變（增加），能導致原來人與人組成的建制——特別一夫一妻及父權的家庭，會漸漸瓦解[81]。

馬庫色這種觀點，當然很容易被誤解爲等同支持性濫交，特別新保守主義者會認爲這種觀點是破壞家庭的制度，而導致道德淪亡，人類社會更濫情及無政府。

我相信馬庫色強調人類在社會禁制舒緩下，導致愛慾的擴展，雖然也包含性愛從家庭制度及性器官的局限解脫開來，但這並不是摒棄家庭，而是要人們反省傳統家庭的局限。傳統家庭容許的性及人與人（男女之間及家長與子女間）的快樂，是爲了符合和鞏固既定社會的禁制及僵化關係的，家庭的幸福和自由的代

---

[81] 同上，p. 201.

價，是社會的不幸福和規限，這種（傳統）家庭的關係，是非政治化的。當馬庫色強調愛慾的擴展，是要放棄人與人之間，單把異性家庭中的性交看成是唯一的幸福表示。相反，人與人之間有更廣泛愛慾的表達。若傳統婚姻的性關係是「禁制的昇華」(repressive sublimation) 的話；則這種新的愛慾的擴展，是種「非禁制的昇華」(non-represive sublimation)，因爲前者是在既定社會規範限制下完成的，而後者正正反叛既定社會的規範限制──單要接受生產及表現 (performance)，而追求新的溝通和交往方式。

這愛慾擴展再不是局限於家庭內人與人的關係，它是一個「高於個體的進程」(supra-individual process)，它是一個「社會現象」，它的特點是在於它的創造力，人類慾望的昇華「能夠推展文化的形成，不過，這要透過結合不同個體爲條件，以開拓爲發展需要及能力的環境。」⑧

更且，在傳統的社會禁制之中，不單爲了保存既定制度出現了心靈方面工具的理性，另一方面，感性也變成平面化的慾望，這種心物的二元，可以說是社會禁制的成果。克服了這禁制方式之後，心物的分隔也被打破了，愛慾的現實也會結合精神的一面，馬庫色認爲在這意思之下，愛樂斯（愛慾 eros）也就等同亞加比（愛智 agape）。馬庫色引用了柏拉圖 (Plato) 的〈饗宴〉(Symposium) 篇中，女智者狄奧地瑪 (Diotima) 所言：愛慾由個體開始推展到羣體，到對工作及玩耍，再到美好的知識及到美本身⑧。這裡我們可以看到馬庫色完全掌握到人類昇華了的

---

⑧　同上，pp. 209-210.
⑧　參看 Plato: Symposium (211c).

慾望——愛慾，是有不同相關的層次的。他的解釋的意義極為重
大，特別他提到多種形態的性 (polymorphous sexuality)，就明
顯地說明愛慾不單是家庭關係——特別夫妻男女的性關係，愛的
由人與人之間的接受、感通、欣賞到愛慕，是有種種不同形態
的。而且，這意味的，更是一種社會甚至政治的關係，愛包括關
心、肯定及共同協力締造社會整體的幸福。愛慾不只是性的佔
有，而是由共同工作、實踐、思考及溝通中的表現及實現。愛慾
的表現不是只停留在男女的性愛，而是藝術、思想及文化上的共
同創造、溝通和欣賞。從這個角度來看，馬庫色心目中的愛慾，
深具柏拉圖主義的意味，是崇高的、普遍的和全面的。

　　第十一章的中心，是死亡與愛慾的關係，「死亡」在西方文
明中，扮演一個極重要的角色，無疑「死亡」是人類一個重要的
恐嚇，不同的文明階段中，人類利用自己的智慧，替「死亡」找
一個解答，為人面對「死亡」的威嚇找一點慰藉。古希臘悲劇之
中，就見到古希臘社會的知識份子，對死抱一種堅忍的精神，肯
定死亡之不可超越及生命的短暫。柏拉圖在他著名的〈費都〉
(Phaedo) 篇中，強調死亡是一種解脫，把人的靈性從肉體的囚
籠中解放開來[84]。這種觀點深刻影響了西方基督教，把死亡看成
是生命的解脫，而生命重要的及最後的意義，只是死後的救贖。
無論是柏拉圖主義及傳統的基督徒教義，都肯定現實生活的過渡
性，它們均強調肉體的罪惡和墮落，生命的意義，是要壓抑感受
的滿足，及追求靈性的超越，而柏拉圖甚至稱生命的目的，是為
死（的解脫）而鍛鍊自己，禁制及壓抑，成為生命的主要任務，

---

[84] 參看 Plato: Phaedo (79c-81b).

以求靈性的淨化，來克服死亡的威嚇。

和這種想法相反的，當然是唯物主義及享樂主義，它們對生命有基本上的意義肯定，生命是自為目的的，要享受生命裡的一切，才是意義，死亡只是生命的完結，故此生命不是死亡的手段。

馬庫色的死亡哲學，正界乎唯心及唯物主義之間。他一方面不會把死亡看成是生命之目的，而放棄生活自身的意義及對幸福的追尋。但另一方面，他並不像享樂主義或依比鳩魯主義（epicureanism）一樣，單把感性的享樂或一種避世的安逸思想，看成是生活的目的。他的批判理論，給予「死亡」這觀念一個嶄新的解釋。

在傳統社會中，人類生活在物質匱乏之中，社會不能容許個人停留在感性及慾望的滿足中，理性需要安排一個有禁制性的社會秩序。馬庫色和《啟蒙辯證法》的作者霍凱默及阿多諾一樣，相信在高度社會禁制中，快樂也就越平面化，「快樂源於（社會的）割離」⑧⑤。在高度禁制的傳統社會中，死亡被投射為生命的目的及最終的解脫，越強的禁制意識，「死亡」的終極解脫的意義越重要。中古文明如是，清真的基督教也如是，生命只是過渡及手段，以達到救贖。越光輝的死亡意義，也就越能合理化生命的禁制。

隨著物質條件的改善，死亡的威嚇及終極意義越消退，生命現世的滿足越顯重要，人類的理性，由控制及壓抑人類的慾望及支配人類的勞動，轉向「維護及保障生命」，傳統的權威理性會轉化成理性的權威——掌握知識及理解到必然性⑧⑥。死亡在以往

---

⑧⑤ Herbert Marcuse: *Eros and Civilization*. p. 227.

⑧⑥ 參看同上，p. 224.

歷史中的威嚇是兩方面的，不單它承諾的天堂或解脫是不明確的，要達到解脫，人類不單一方面要壓抑及禁制自己，還要承擔罪咎及懲罰的恐嚇。不過，隨著社會禁制的舒解，人的禁制及罪咎感也會舒緩了。死亡不再反映人在現世不足，生命再不是戰戰兢兢的，死亡揭開了它神秘的面紗，而成爲生命自然的一部分，正如馬庫色說：「對文明極大的控訴，並不是人會死，而是人要在他應該死及想去死之前死去，及在悲傷及痛苦中死去。」[87] 若生命不再壓抑及禁制人；若生命不再擔心會否付出了努力，而得不到報償；若生命再沒有無理的罪咎和懲罰的威嚇，則死亡是自然而然生命的部分，它才會眞正失掉它的尖刺。愛樂斯的實現，也會使死亡的威嚇消失了。

八、對《愛慾與文明》的一些反省

《愛慾與文明》可算是馬庫色社會理論的基石，它不單總結及發展了馬庫色早期對人性、幸福和社會複雜關係的理解，更透過他對弗洛伊德的心理分析的解釋，賦予了文明發展一套社會心理的解釋，使馬克思主義對政治經濟學的批判，可結合在社會和文化價值的領域之上。

《愛慾與文明》的價值，是它能把弗洛伊德的「社會心理」的觀點，放在歷史及哲學的層面來看，使我們了解到由古希臘文明、經柏拉圖及亞里士多德、到康德、席勒、黑格爾及弗氏，都是一脈相承的，他們都關心理性、幸福及社會價值的實現問題。

---

[87] 同上，p. 235.

《愛慾與文明》的綜合能力及對文明發展解釋的深廣度，都超出了當時文化哲學的成就，至今還是文化哲學理論中的佼佼者。

　　儘管我們在討論「美感領域」的問題時，疑問及批判了馬庫色對文明的發展，抱著一種唯美主義的態度，把文明的發展看成是以人的感性解放爲中心及終極，這種價值取向及要求，未必是有普遍性及必然性。可是，他強調的感性解放還是有不可被忽略的政治意義，這點是需要引申及發揮的，這方面他在《一維空間的人》(*One Dimensional Man*) 中，曾深入探討。要中肯地評價《愛慾與文明》，可在後一階段，透過把它和《一維空間的人》連結一起討論，會更爲確切。

　　起碼在這裡，我們不能不承認批判理論有它博大精深的一面，能把哲學思想帶到社會科學最新發展裡，使人類對社會的研究，可以表現出尋根究底的精神。此外，這一切的反省，也意味著一種理性的及批判的價值取向，把理論和社會實踐結連在一起，知識是爲了人類整體的幸福服務的。

第八章 《一維空間的人》

　　《一維空間的人》(*One Dimensional Man*) 可以算是馬庫色在社會批判中，最受人注意及講論的著作。馬庫色寫這本書的動機，在他於這本書的引言中說得很清楚，他疑問的是：人類物質文明已經發展到一個極高的階段，理論上這高生產水平，可以滿足一切人的基本需要，使一切歷史上的過度或剩餘的壓迫撤消了，可是現實並不是這樣，第三世界仍有饑荒、世界上戰爭頻仍，即使在發展了的西方國家，仍然有貧困及高度社會的不平等，在這些發展國家中：

> 我們服從和平地生產毀滅性的工具（武器）、完備的浪
> 費、被教育去防衞，而這防衞使防衞者及被防衞者均變為
> 畸形❶。

　　我們不能不承認一個事實，就是馬庫色對晚期資本主義的發展，的確具先知先覺的敏銳察覺力。一九六四年當《一維空間的

---

❶ Herbert Marcuse: *One Dimensional Man*. (London: Abacus, 1972) p. 9.

人》出版時，美國在世界政治舞臺上還是佔著霸主的地位。五四年法國在奠邊府大敗，而被逼撤出印支，但隨之美國揷手，而美國無論在韓戰到不斷在越南增兵，古巴失敗後到六十年代初在古巴危機中迫使蘇聯屈服撤飛彈離古巴，都處處表現自己世界警察的角色。結果，冷戰、軍備競爭及第三世界的社會革命瀰漫在各地，美國在這急劇轉變的舞臺中，扮演著極爲保守的角色。馬庫色在這人人還信任美國是「自由的使者」的年代，對美國社會不理性及不自由的批判，的確喚醒了不少人，但也觸怒了更多的人。他先知先覺地對美國及西方社會的批判，到了六八年後的歐洲及七十年代初反越戰的美國，才得到社會學說的反響和回應。

他在引言中一開始就指明：

> ……這社會整體上是非理性的，它的生產力對個人需要及能力的自由發展具毀滅性，它的和平要透過經常戰爭的威嚇來維持，它的增長依賴對現實機會的壓制，本來這些機會可用來和緩人類掙扎求存的辛勞——無論是個人的、社會的及國際的。這種禁制，和以前未發展的社會階級中的禁制不同，它的運作並不是站在自然及科技不成熟的位置，而是站在一個強而有力的位置，當今社會的（智性及物質的）能力是比以前無可比度地大很多——這卽是說，（現今）社會對個人的操控也比以前大很多❷。

事實上，由五八年馬庫色出版了《蘇維埃馬克思主義》(*Soviet Marxism*)到六四年他分析韋伯的論文〈韋伯的工業化及

---

❷ 同上，p. 9.

資本主義〉(Industrialization and Capitalism in Max Weber)，
可以說是馬庫色應用他在《愛慾與文明》發展出來的社會理論，
來分析資本主義及共產主義社會的時期。

《蘇維埃馬克思主義》的分析，指出了蘇聯自史達林(Stalin)
以來，用暴力、不民主及恐怖主義的統治方式，來鞏固「一國
社會主義」。雖然他的分析是基於批判理論的整體幸福要求的標
準，和一般的分析有所不同，但結論還是沒有很大差別的。可
是，馬庫色了解到，史達林主義（stalinism）的社會模式的出
現，並不是歷史上孤立的事實，無論是三三年德國納粹，到韓戰
及特別美國在二次大戰後的霸權主義，都是導致史達林主義模式
的強權統治之主要成因，這不單在蘇聯及東歐國家，連四九年後
美國對中共的圍堵政策，到古巴、越南等，都被迫走上這條道
路。分析史達林主義的罪惡，也不能離開掌握它和資本主義社會
的對立關係，而資本主義的發展、強大及轉化，也成爲研究國
際關係及社會發展的重要課題，因爲這個陣容的演化，也深深影
響了共產主義陣營的演化，我們甚至可以說：由於共產主義是處
於被圍堵及自保的處境，它那種「堅壁清野」式的政治整肅、強
權統治及軍事經濟，可以說是對抗資本主義陣營挑戰的「神經質
式」的回應方法。

馬庫色在他分析韋伯(Max Weber)的社會理論一文中，就
首先指出他和韋伯相同的理解，就是無論共產主義社會或資本主
義社會，都接受「形式理性」(formal rationality)，對既定的社
會目的或生產指標，作出量化的及效率的計算，而忽略了滿足整
體的社會利益，結果當然是制度及工具駕御了人❸。在這文章

---

❸ Herbert Marcuse: *Negations*. pp. 212-213.

中， 馬庫色儘管批判了這種「科技理性」(technical reason)，
而要求一種「本質不同的理性」，但他並未有更具體的描述，來
解釋這種眞正理性的形態及實現的方式。結果，他的見解和韋伯
一樣，只會使人把這眞正的理性看待爲「烏托邦式」的理性。事
實上，馬庫色對韋伯社會思想的分析，是他對晚期資本主義分析
的縮影，他掌握到這種「科技理性」極端發展，衍生了複雜的社
會後果，而一切看來是像一個無可改變的洪流，韋伯就相信只要
有民主的政治制度，人民會選擇及承擔一切的後果。馬庫色在這
立場上比韋伯更悲觀，他體會到民主制度也往往被大財團及既有
的勢力所操縱 。 不單如此， 馬庫色相信連晚期資本主義中的個
性、自由和選擇，都是幻覺。這當然是個很負面的觀點，需要種
種對社會的分析及引證來支持及說明。

一、一維空間的社會

馬庫色一開始就用一些在資本主義社會分析中，極不慣常的
字眼，來描述晚期資本主義社會，他稱晚期資本主義社會是「集
體主義」的 (totalitarian):

> 在這（美國）社會裡， 那生產體制發展到集體主義的地
> 步，它不單決定了社會需要的職業、技能及態度，也決定
> 了個人的需要及冀望。它因此消除了私隱及公眾的生活的
> 對立，及個體和社會需要的對立。科技帶來新的、更有效
> 的及更討好的社會控制及社會整合的形式，這些控制的形
> 式的集體主義傾向還像要在另一意義下肯定自己——透過

擴散到世界上較落後及甚至前工業階級的地區，及在資本主義和社會（共產）主義社會的發展中創造相似的模式❹。

馬庫色引用「集體主義」來描述晚期資本主義，顯然和早階段上政治極權的集體主義有分別，

> 因為「集體主義」不單是指一個以恐怖政治控制的社會，也可以是一個非恐怖主義，但靠經濟科技控制的社會，透過既得利益的人及集團，對需要的擺佈來運作。它因而可防止對抗這體制之有效反對勢力的出現，不單是一個政府或政黨的獨特統治形態構成集體主義，而也可是一個獨特的生產及分配體系，它可以配合多黨、多報章及不同爭持力量的「多元主義」❺。

馬庫色相信這種社會體制的操控及擺佈，比政治上極權的操控更廣泛、根深蒂固及複雜。他以「假需求」(false needs)及「假自覺」(false consciousness) 來形容晚期資本主義社會的操控方式，「假需要」和「真正的需要」不同，真正的需要是生存的基本需要，如食物、居住、衣服等，以配合實際文化的水平，這些基本需要的滿足，是其它昇華及非昇華的所有需要可得到滿足的先決條件❻。

---

❹ 同上，pp. 13-14.
❺ 同上，p. 17.
❻ 參看同上，p. 19.

我們在這裡大可從兩方面來解釋與馬庫色對假需求的批判。首先是主次的問題，在晚期資本主義社會中，爲了鞏固旣定利益者及旣定生產制度更大的利益，往往把人民需要的主次搞亂了，就如美國社會中黑人居住環境極惡劣，但給他們的電視、酒吧及其它娛樂，毫不缺少。經濟學家格爾伯恩夫 (J. K. *Galbraith*) 在他《富裕社會》(*The Affluent Society*)一書中，就解釋到，資本主義社會注重個人消費，忘卻公眾福利，做到「私人富裕及公眾貧乏」(private affluence, public poverty)，就如街道上名貴汽車、高尚別墅及高級娛樂消費場所等，由於利潤大，刺激生產者大量供應，相反公共交通、公共屋宇及基本社會康樂設施，就會嚴重不足。馬庫色強調眞正需要，也就是指向社會的首要任務，是要提供給所有人基本的需要上之滿足，不能讓奢侈消費取替了基本消費的重要位置。

另一個層次方面，是馬庫色對「假需要」之本質上的批判，馬庫色批判理論的最大特色，是強調在人類基本滿足及需要的問題上，要求社會化，要政治制度用合理的方式及平等的處理手法來整體解決；但是在個人創發力及昇華的（心靈的）滿足的追求上，卻強調個人自發及自由的抉擇。晚期資本主義的社會生產及運作模式，卻正正和這種理性的社會安排構思背道而馳。晚期資本主義社會，把人類基本的社會需要，往往交給個人來解決，社會對人民基本的需要不負上重大的責任。可是，在意識操控及奢侈滿足方面，卻越來越社會化，馬庫色在這裏要批判的，當然很大程度上是西方資本主義社會，透過傳媒及大眾文化，來製造集體的意識和虛幻的需求。

馬庫色界定及解釋假需求是：

那些個別具禁制性的社會利益集團加諸個體身上的（需求）：這些需求延續辛勞、侵犯、苦難及不義。……大部份當前的需要，如鬆弛、作樂、依照廣告來行為及消費、及去喜歡及憎惡人家喜歡和憎惡的，都是屬於假需要的範疇❼。

假需求假定了社會上既得利益的體制及集團，給人民羣眾安排了消閒及娛樂的方式，而使個體失去了自主及自由。

　　當然，大眾文化及集體娛樂模式，的確是提供給人很大的選擇自由，但馬庫色認為這種選擇自由是有問題的：「公開給個人可選擇的範圍有多大，並不是決定人類自由的決定性因素，而是有什麼可供選擇及個人選擇些什麼。」❽

　　馬庫色用假自覺（false consciousness）來描述生活在假需求中的個體，他們以為自己在做眞正的選擇，但實際上他們和社會上其它的個體一樣，在需求及知識被操控和擺佈的境況下，做著同一樣的「選擇」，結合著社會運作既定的模式來生活，也只有鞏固了既定的制度及既得利益者的一切。在這情況下，批判性的自覺是極難實現的：

　　　一個人能否眞分辨出大眾傳媒是在提供資訊和娛樂，或其實只是操控及灌輸的工具？分辨出汽車是公厲或方便？功能化的建築是驚嚇或是舒適？分辨出是為國家防衛或是財團利益的工程❾？

---

❼　同上，p. 19.
❽　同上，p. 21.
❾　同上，p. 21.

「假自覺」不單停留在對社會建制及擺佈缺乏批判的態度，也在精神生活上，變成種種迷信可侵佔的真空地帶：

> 一維空間式駕御的現實，並不表示唯物主義支配一切，而精神的、形上的及波希米亞的活動漸漸消退。相反，更有大量的「今星期一起崇拜」、「為何不試試信上帝？」禪、存在主義及時尚的生活方式等。但這些抗議及超離現實的模式並不和現實境況相對抗，也不再是否定（現實）的。它們反而是實踐行為主義儀式的部份，是無傷害的否定，而很快地被現實境況化解為它健康食譜的一部份❿。

面對這一切，馬庫色要求一種新的覺醒，一種真正的理性。

> 所有的解放依靠對勞役的覺醒；這種覺醒的衍生，往往受到需要及滿足的支配所制限，而很大程度上，（假需求）變成了個人自己的一部份。這個（解放的）過程經常要以一個制約條件來取替另一個；那最高的目標是以真正的需要代替假的，及放棄具禁制的滿足⓫。

無疑馬庫色是肯定有真正的需要、有真正的覺醒及理性是一切社會的最高價值，為達到整體的幸福。不過，他始終要解釋為何假自覺及假需求可以出現及支配著廣大的社會各階層？而走向自覺及批判的理性又應如何實現？這是一個實踐的問題。

---

❿　同上，p. 25.
⓫　同上，p. 20.

在政治層面上，馬庫色指出美國二次大戰後，以反共爲理由，一方面加強對內控制，麥卡錫主義對自由主義者的迫害，就是活生生的好例子。此外，冷戰的陰影，也駕御了利益團體的爭持，而「民主黨」和「共和黨」在美國的界線也越來越模糊了，最明顯的例子莫過於肯尼地策動了猪灣登陸，及到了約翰遜（詹森）(Johnson) 的六十年代末，美軍一直在越南擴大駐軍，和民主黨一直以來較尊重民主及和平的精神背道而馳。

更爲重要的，是馬庫色認眞地面對正統馬克思主義的觀點，來對比晚期資本主義社會的發展。根據正統馬克思主義的觀點，資本主義會出現經濟週期性的危機，資本家的利潤會降低，而無產階級會赤貧化，最後階級鬥爭變成不可避免及越趨激烈，資本主義也只能以社會主義終結，由無產者繼承了生產工具的擁有權。不過，這些推測不單在東歐及中國共產黨，都根本沒有出現。而在西方先進國家，更衍生出一個新的社會形態。

首先是西方工業國的生產是突飛猛進，但雖然剝削還是存在，工人的「態度和地位被改變了」。高度機械化減輕了工人體力的消耗，工人再不是現代生產的畜力，「他們被組織入管理人羣的科技社會。」在這種組織當中，工人和其它專業的階層一樣，都是機械生產體制下的環節。馬庫色這種分析可以有兩方面的引申，首先是無產階級不再是赤貧化，他們也不是社會中的絕大部份，餘下一小撮資本家是他們的階級敵人。更且，晚期資本主義社會湧現了廣大的中層，和工人階層一樣，都是生產制度下的勞動者，社會分化更形複雜，生產制度的運作也更趨嚴密。

在這種情況下，工人階級不再是社會被遺棄及被剝削壓榨的一羣，他們甚至可以參與入生產體制中，以「分擔解決生產的問

題」，甚至也可成爲大企業中的小控股者。

最後，

> 這新的科技工作世界削弱了工人階級否定的位置：工人階
> 級不再是旣定社會活生生的矛盾面。……統制化身爲管
> 理。資本大亨及資本擁有者失去了他們負責個體的身份：
> 他們承擔了一個建制機器中科層的功能⑫。

不過，馬庫色仍然強調工人階級的命運，還是如奴隸一樣，他們
只不過是「昇華了的奴隸」，因爲他們不單只要服從旣定現實，
也在身份上只等同工具，由人的地位降至只等同物件。

簡單地總結，馬庫色以晚期資本主義的不斷擴張來取替馬克
思主義主張資本主義的停滯及崩潰；他以晚期資本主義的富裕來
取替馬克思肯定資本主義的赤貧化；以工人階級結合入社會制度
來取替工人階級的無產化及激烈化；以晚期資本主義社會更組織
化及合作化來取替危機及生產的（無政府）混亂；以晚期資本主
義的穩定性來取替馬克思預期資本主義的最後崩潰⑬。

不過，馬庫色並未忽略現實政治體制的改變，乃國際關係與
國家發展的互相影響，他指出世界上當時還落後的國家，都希冀
可盡快得到經濟發展，無可避免地，它們要依附西方資本主義或
東歐共產主義的陣營，結果只會淪爲形形式式的新殖民主義及暴
力政體⑭。實際上，能够眞正包融了工人階層及達到解決工人和

---

⑫　同上，p. 39.
⑬　就這方面的觀點，可參看 Douglas Kellner: *Herbert Marcuse and the Crisis of Marxism.* p. 270.
⑭　參看 Herbert Marcuse: *One Dimensional Man.* p. 50.

資本家之間基本矛盾的西方國家，也還是社會的極少數，而它們的順利運作，當然也和新殖民主義，不平等國際貿易和政治及經濟上對落後國家的操控，還是息息相關。

《一維空間的人》全書最精闢的，是馬庫色在〈征服不快樂的意識——禁制反昇華〉(The Conquest of the Unhappy Consciousness——Repressive Desublimation) 一章。雖然，馬庫色「禁制反昇華」這個觀點，始源自霍凱默及阿多諾的《啟蒙辯證法》一書，他們早就強調人眾文化是个單沒有昇華成份，還充滿禁制⑮。馬庫色把這觀念在這裡發揮得淋漓盡緻。

馬庫色和《啟蒙辯證法》的兩作者一樣，都認為現今資本主義的人眾文化，充份表現了晚期資本主義精神上的禁制和無出路。它和以往社會上偉大的高等文化作品比較，不單缺少了創意，更欠缺了一種時代醒覺和對社會的批判。馬庫色引福樓拜 (Gustave Flaubert) 的《包維爾夫人》(*Madame Bovary*) 來說明那不快樂的自覺，對法國小中產社會的婚姻、家庭和男女關係的批判。同樣，〈羅密歐與茱麗葉〉(Romeo and Juliet) 也反映出莎士比亞對中古封建貴族的鬥爭及其釀成的社會紛亂，到婚姻只是家族合約的關係等，提出強而有力的批判。這種「不快樂的自覺」，表明藝術家對自己身處的社會中不公義及不合乎人性的社會禁制，透過藝術形式描劃出來，並加以鞭撻及批判。無論是〈羅密歐與茱麗葉〉中兩個年青情侶雙雙殉情，或是《少年懷特的煩惱》中懷特的自殺，都表現了他們對禁制性的社會建制提

---

⑮　參看 Max Horkheimer/T.-W. Adorno: *Dialectic of Enlightenment* (New York: Seabury Press, 1972) p. 140. 霍凱默及阿多諾說：「文化工業並不昇華；它禁制。」

出控訴。這種極端的行徑不單表示他們和現實之間不能妥協，更說明理性以理想主義的形式出現，來否定既定的社會現實。馬庫色在這種提出了批判理論的藝術或美學理論的中心思想，強調藝術不是唯美的，藝術最重要的意義，是展示、反省和批判既定的現實，以達到啟蒙及意識醒覺的作用，藝術也因此和人類社會生活追求整體幸福的寄望，連結在一起。

不過，馬庫色也了解到以往高等文化，也只能是社會上一小撮人的奢侈品，廣大民眾在工業革命及二十世紀中葉富裕社會來臨之前，在文化生活上是非常貧困的。隨著大眾在富裕社會可以參與精神消費，文化工業就誕生了，大眾傳媒每天提供給社會上所有人各種各樣的娛樂和官能滿足，但文化藝術以往和社會現實之間的矛盾，在文化工業中，是蕩然無存了。

馬庫色首先惋惜的，是傳統藝術昇華的、理想的、及對比現實禁制的意念，在晚期資本主義社會變成了廚房、辦公室、商店等裝飾的部份，成爲一種商品，提供一種官能上的刺激，而失去了引發文化反省的一面。就如莫扎特的音樂可以刺激奶牛多出牛奶，它帶給現代家庭吃飯時間一點情調，幫助消化，沒有人關懷莫扎特的生命掙扎，及音樂和他世界觀的關係。同樣，印象派、抽象派及表現主義的複印畫，都可是現代家庭客廳的一點美化物品，而沒有人再關懷他們這些畫家和時代洪流的辛酸搏鬥的創作經歷了。

馬庫色稱這種大眾文化的消閒、裝飾及獲取官能刺激的心態，是種「快樂的意識」，使人甘心於享受包裝好的一切，也滿足於生活現實的不平等關係。

不過，我們不能不需要指出，馬庫色把大眾文化和高等文化

的截然劃分，構成一定的問題，首先是高等文化也往往有糠粃之作，法國新古典時期戲劇、十九世紀大量的浪漫劇，中古以後宮庭貴族的詩歌等的貴族文化，早早被人遺忘了。相反，無論莎士比亞、莫里哀及巴爾扎克等的作品，不少是爲娛樂大眾而創作的，可以算是大眾文化的部份，經歷了歷史長期的去蕪存菁，遺留下來成爲高等的文化。同樣，不少早期的電影、流行曲、廣告街招，本來也只是爲大眾的娛樂消費而出現的，但它們留下來被人珍惜及欣賞的，也一定具備有獨特的優點，漸漸成爲人類珍貴文化遺產（高等文化）的一部份。馬庫色似乎忽略了這方面的分析，而事實上，大眾文化也有可昇華的性質，它也可能有社會否定的一面，這要我們去分析及發現。不錯，大眾文化有很大程度是富官能刺激及庸俗的一面，它最基本的功能，也往往只爲娛樂。不過，就如高等文化往往是反映貴族的階級意識及排斥性，不乏糠粃之作，大眾文化也反映社會低下層種種的心態，但除了庸俗、夢幻和官能之外，它還是往往可有批判及自覺的一面，需要時間的提鍊和迭取。事實上，一些偉大的大眾文化的作品，如貓王及披頭四的歌曲，也往往能反映社會低下層的抑鬱和挫折感，及其伴同的宣洩和反叛，這些大眾文化的作品，能受到當時人的歡迎及可保存下來，是有它們的社會意義的。

二、一維空間的思想

　　馬庫色對一維空間的思想批判，其實可以連結起他對資本主義社會及政治建制封蔽性的批判。他在這方面批判的出發點，主要是指出「實證主義」（positivism）的問題。「實證主義」把世

界上一切化爲具認知意義及不具認知意義的，具認知意義的是可賦予眞假值的事態；而在認知以外的，則不可賦予眞假值的，也根本沒有意義，只可能是感性的問題。在「實證主義」的思想範疇中，道德、美感和個人感受，都是主觀的及感性的 (emotive) 談不上合理不合理。這一切當然是馬庫色反對的。

馬庫色首先反對的，是「實證主義」式的思想方式，接受了既定現實的一切。相反，馬庫色繼承了柏拉圖、亞里士多德到黑格爾的理解，相信現實有「眞正的及不眞正的存在模式」⓰。

要解釋「實證主義」和「批判理論」在這方面的差異，我們可應用「理性」的觀念來比較兩派的觀點。以早期維根思坦典型「實證主義」的《邏輯哲學論》來看，它就強調「世界是由事態組成」 (TLP 1.1)，「語句是現實的圖畫」 (TLP 4.01)，而

> 世界的意義在世界之外，世界之內的一切就是這樣的也如是地發生；在世界之內沒有價值，即使眞有，它也沒有意義 (TLP 6.41)。

早期的維根思坦認爲若價值是必然的、不可創造及毁滅的、也不可改變的，具這一切特質的東西，當然不可能在只有偶然事態的世界中存在。所以，「倫理學是超越的」，而「倫理學和美學一樣。」 (TLP 6.421) 後來的實證主義者也強調美感和道德感，都是個人喜惡的感受而已。

馬庫色和批判理論家不滿實證主義者把世界看成是事態，他

⓰ Herbert Marcuse: *One Dimensional Man*, p. 107.

們強調世界上的事態是有價值意義的，當馬庫色用「真正的及不真正的存在模式」來描述一些社會關係時，他是肯定追求自由自主，或社會整體幸福的行為及社會關係，不是主觀的，而是有客觀意義及實現客觀價值的；相反，一種禁制的，不平等及操控的關係或行為，是不合理的及不應存在的。這裡我們看到一方面實證主義主觀化了一切價值，走上唯我論及價值虛無主義的極端。另一方面是批判理論繼承了本體論，把價值問題實體化及真值化，以為凡是合理的價值取向，就是真的。這種毛病到了哈伯瑪斯，才糾正過來，他在「溝通行動理論」(the theory of communicative action) 中，劃分了不同的溝通模式，由理論（真理）、道德（行為規範）、美感（品味判斷）到個人表達（忠誠）等⑰。是各種不同的溝通模式，會有不同的價值取向，也有各自不同的論立方式 (mode of justification)。

　　從這角度來看，馬庫色批判實證論者揚棄形上學及價值論，是正確地肯定了社會及道德價值的客觀性，但錯誤地要賦予價值論形上實質的地位。

　　事實上，馬庫色在「一維空間的思想」的批判中，要關心挽回的，是「美、正義、幸福及它們的反面」⑱。是有客觀性的，他強調要實現這些理想價值，批判不完滿的現實。這些價值成為生活的目的，不單是停留在現實之中，而是要實現一個更美好、正義及幸福的社會⑲。馬庫色稱這些價值觀念是同時

---

⑰　參看 Juergen Habermas: *The Theory Communication Action.* (London: Polity Press, 1991) Vol. I, p. 23.

⑱　Herbert Marcuse: *One Dimensional Man* p. 166.

⑲　參看同上，p. 169.

歷史及高於歷史的 (supra-historical)；它們概念化了經驗
世界的實質，這觀念化賦予了可能的憧憬，透過掌握它們
實際的限制、壓抑和拒絕。這經驗和判斷都不是私有的
⑳。

最後馬庫色還是以理性和非理性的價值取向，來肯定批判理
論關懷的問題中心：

> ……就如既定的建制社會到不理性的程度，自覺變成自由，
> 為了更高的歷史理性，它會和既定建制社會鬥爭。真理及
> 否定性的思想 (negative thinking) 的理性及基礎，就在
> 這鬥爭當中**㉑**。

不過，馬庫色的批判理論，並不像馬克思主義，特別是正統
的馬克思主義，還會樂觀地相信及預期無產階級解放的一天，或
共產主義的來臨，以取替正在崩潰中的資本主義。相反，馬庫色
和其它批判理論的大師如阿多諾、霍凱默及班雅明一樣，並不相
信烏托邦一定會來臨，他們相信人類社會只有面對一種抉擇──
理性或野蠻主義 (barbarism)，人類要為整體的命運及幸福而努
力，否則人類社會只會走向毀滅。而事實上，科技及特別軍事科
技的進步，早已經賦予了人類整體毀滅的能力。馬庫色強調「沒
有什麼指示一個好的終結」，而且

---

⑳ 同上，p. 170.
㉑ 同上，p. 175.

社會批判理論並不擁有可跨越現在和將來這鴻溝的觀念；它不把持任何承諾，也不展示什麼成功，它保持是否定的 (it remains negative)。它謹此保持對那些沒有希望，卻又把生命獻給偉大的拒絕 (great refusal) 的人們，一份忠誠㉒。

《一維空間的人》在思想界泛起了很廣泛的討論，共產主義陣營的回應，當然是指責馬庫色歌頌資本主義，對社會主義及馬克思主義不單失去信心，還成為了叛徒，最後掉入了存在主義及唯心主義的泥潭之中，因為馬庫色放棄了階級鬥爭，而只強調個人批判的抉擇。另一方面，西方年青知識份子對馬庫色表現一種膜拜式的推崇，強調個人偉大的拒絕 (great refusal)，六八年歐洲開始，一直擴展至美國的校園及工人，到反越戰的示威，都把馬庫色《一維空間的人》，看成是社會革命的聖經。這兩方面對馬庫色這本著作，都有一定的誤解。

我們不能不承認一個事實，就是馬庫色在《一維空間的人》中，表現一種對現實相當無奈的見解，也只能相信理性否定的力量，來抗衡現實晚期資本主義無遠弗屆的狂瀾，他在「偉大的拒絕」以外，根本沒有發展出任何的政治策略，以改變既定的社會現實。

儘管後來他在《反革命與反叛》(*Counterrevolution and Revolt*) 一書中，更具體指出晚期資本主義的浪費、戰爭威脅及環境的破壞等㉓，但他對革命的理解，始終停留在哲學的討論，

㉒ 同上，p. 200.
㉓ 參看 Herbert Marcuse: *Counterrevolution and Revolt*, p. 7 及 17. (Boston: Beacon Press, 1972)

無論是要回到自然，以達到新的「感性／觸覺」(new sensibility)
或透過藝術來表達對既定現實的否定。連他晚年著作的《美感領
域》 (*The Aesthetic Dimension*) 一書， 也只一定程度上強化
他以前在《愛慾與文明》中〈美感領域〉一章，及《一維空間的
人》中〈征服不快樂的自覺〉一章的觀點而已。如他解釋：

> 藝術不可改變世界，但它可以在改變男人及女人的自覺及
> 慾望 (drives) 方面作出貢獻， 而他們可以改變世界㉔。

當然，這裡反映出馬庫色突出了女性的角色，以平衡一向以來社
會理論以男性為中心的弊端。

在革命過程中，馬庫色雖然沒有提供任何政治策略及鬥爭方
法，他的確有進一步勾畫出社會廣泛的反叛及革命的階層：「…
…在壟斷資本主義中，被剝削的人口遠遠大於「無產階級」，而
它包括一大部份以前獨立的中層社會層份㉕。

不過，美感的轉化，還是他的批判理論的中心，他不是革命
家，只是提倡一套富革命性的理論的哲學家，他的最終關懷，還
是在批判，說明社會轉化和革命中，人性的內涵的轉化。這對他
來說是重要的，因為一個社會的改革，要人性（人的社會性）的
轉化來伴同，才可以成功。

㉔ Herbert Marcuse: *The Aesthetic Dimension*, pp. 32-33.
(Boston: Beacon Press, 1978).

㉕ 同上，p. 34.

第九章　批評與結論

　　以上對馬庫色不同階段的思想所做的分析，都是一方面說明批判理論的特徵：它是一套涵蓋很廣泛的理論，由反省歷史及社會發展理論、意識形態的批判，到新的價值觀的建立。另一方面，找到馬庫色批判理論的獨特之處，他豐富的藝術及哲學背景知識，使他的理論帶有強烈的哲學反省及批判的能力。他早期把批判理論貫串到柏拉圖，特別是亞里士多德、康德、黑格爾及馬克斯等「理性主義」的問題核心，這是他的批判理論具有特色及哲學史意義的地方。而到了五十年代，他的《愛慾與文明》用極系統及清晰的方法，解釋了弗洛伊德的心理分析的社會及文化意義，也爲批判理論在現代理論的討論中，扣緊了一個極其重要的環節。更且，馬庫色的批判理論，把人的本能及慾望均放在社會的具體境況之中，賦予這些概念獨特的歷史內涵，避免掉入粗鄙的弗洛伊德主義中，把人的慾望看成是盲目的衝動而已。特別當他理解慾望的禁制後衍生的種種昇華，是更深入地用歷史及文化角度來解釋箇中的種種意義。

　　不錯，馬庫色的《一維空間的人》，的確和《啟蒙辯證法》

一樣，否定了西方文明的「工具」或「科技」理性，使批判理論成爲一種「極端的否定」(radical negation)❶，這種極端的否定仍強調理性的中心是「自由、正義及幸福」❷，以對比現實社會的種種禁制、暴力和不公義。不過，哈伯瑪斯卻認爲：「雖然肯定地說，馬庫色不是一個肯定的（正面的，affirmative）的思想家，畢竟他是稱揚否定（negativity）的人當中，最具肯定（正面）意義（affirmative）的一個。哈伯瑪斯認爲馬庫色的社會理論肯定了人的感性（觸覺）(sensibility)，肯定了生活的快樂及對藝術正面的追求要和社會結合——無論是寫實、批判或建構烏托邦，這比阿多諾單批判不合理的現實來得正面很多❸。而且，哈伯瑪斯評價馬庫色時，強調他提供給批判理論的貢獻，是「正統的」，這不單指他掌握主流哲學及社會理論，在表達手法上，也依隨著邊際學科（inter-disciplinary)的方法，這是批判理論的重要特徵之一。

若以馬庫色的《愛慾與文明》及《一維空間的人》來對比阿多諾的《否定辯證法》(*Negative Dialectics*)，我們可以見到阿多諾的悲觀主義，他提出的是對中產階級思想的現實與理想之間的矛盾，表現出一種對比及反嘲，不單爲顯現中產階級思想中既定的現實是不義的，連它憧憬的理想也是虛幻的。相反，對馬庫

---

❶ 「極端的否定」(radical negation) 這觀念，可在批判理論年青一代的理論家亞爾拔赫德·威爾瑪（Albrecht Wellmer）在 Richard J. Bernstein (ed.) 編的: *Habermas and Modernity* 一書中找到。(London/New York: Blackwell, 1985) p. 50 中找到。

❷ 參看同上，p. 44.

❸ 同上，p. 67. 這是 J. Habermas: Psychic Thermidor and the Rebirth of Rebellious Subjectivity 一文。目的是檢討馬庫色的批判理論。

色來說，他認爲理性「允諾的不是太多而是太少」。他提出晚期
資本主義中種種包融的封閉性，不是因爲他接受這一切會使人無
可奈何，而是他寄望一個全面的更新，一個徹底的革命。

　　尋根研底地說，資本主義社會的出現，也有它理性的基礎，
它本著個人的基本權益要受到尊重出發，強調人人爭取自己利益
的實現，個人的利益是社會發展的中心及基石。這種社會原則是
假定社會是由自私及強調個人擁有物質條件爲社會依歸的「佔有
式的個人主義」（possessive individualism），以這種原則做社會
理想的，往往把個人利益放在高於社會利益之上，亞當·史密斯
（Adam Smith）就相信社會的利益只是個人利益的總和而已。結
果，社會的不平等變成是不被疑問的事實，這不平等不合理的地
方，是往往來自機會的不平等。不平等不是不同程度努力的不同
結果，而是基於社會不單從來沒有平等機會，也不會花更多努力
締造平等機會，結果，不平等或更實質地說──社會差距、壓迫
（權力上）及剝削（經濟上），成爲一切罪惡最重要的根源。因
此，當哈伯瑪斯引馬庫色的話說：

　　　……若果我們呼籲人性享有和平的權利、消除剝削及壓迫
　　的權利，我們講的，不是個人界定的、特別的或小團體的
　　利益，而是事實上，可顯示爲普遍權利的旨趣（關懷）❹。

　　馬庫色、霍凱默及阿多諾這三個批判理論第一代的大師，無
疑把馬克思及韋伯對現代資本主義的分析，提昇到二十世紀六十

---

❹　同上，p. 77.

年代，晚期資本主義社會的討論層次。這三位批判理論家否定了馬克思的樂觀主義，指出資本主義高度的生產力發展，不單不會導致廣泛的經濟及社會危機，而可改變生產關係。相反，物質的充裕甚至會帶來新的社會操控的方式。從這個角度看，批判理論第一代的大師所批判的「工具理性」，和韋伯理解的「理性化」(rationalization) 一樣，同是指社會生產體制中的既定目的下的量化及效率考慮。韋伯認為民主可決定理性的走向，而「理性」支配下的社會，會往往走向制度化及僵化，結果會由有感召力的人推翻，以建立新的自發秩序，但這又會再制度化及僵化，等待下一個有感召力的人來推動改變，韋伯本來強調直線歷史發展的資本主義社會觀，最後成為一個輪迴的觀念。

馬庫色等的第一代批判理論家，在這問題上表現的觀點及態度，也是較曖昧的。一方面若依據馬庫色在《愛慾與文明》的觀點，不單社會中工具理性的禁制會使人類慾望昇華做一種否定及要求解脫的力量──包括藝術的否定能力 (negativity)。另一方面，物質的充裕也會使人質疑過量的禁制──剩餘禁制 (surplus repression)，而做成對傳統社會的反叛。無論是藝術及個人的反叛，都指向一個人的新感受（觸覺）(new sensibility)，為一個嶄新的人性鋪路。不過，這當然也會是我們批判馬庫色的地方，無論是唯美主義（強調美感轉化）及個人反叛，都有極為主觀及非政治化的問題。威爾瑪（A. Wellmer)就批評阿多諾及馬庫色的「美感綜合」(aesthetic synthesis)並不能代替政治行動，它只是對禁制的意念上的反抗及對美好新現實的憧憬，它本身不是解放社會行動的動力❺。

---

❺ 同上，p. 49.

　　馬庫色等的第一代批判理論家，在他們的理論中突出了「工具或科技理性」和馬克思提生產工具的發展， 及韋伯提「 理性化」 (rationalization)， 都異曲同工地突出了資本主義社會中的一個重大社會突破——經濟生產制度的獨立及變成主導性。在傳統社會中，經濟活動只是家庭及政治體制的價值觀內支配的一個環節，生產是爲了消費及家庭和國家的福祉，經濟活動受到家庭和政治體制之目的的支配。（事實上，傳統社會中，家庭經濟還是中心，社會剩餘及社會經濟生產，並不重要。）資本主義的出現，使經濟活動成爲個人生活的目的及中心，財富的累積自爲目的，經濟甚至推動社會及政治來配合它的發展及需要。經濟的發展表現在生產工具的發展及科技的發展之上，使這些理論家不期然開始疑問，科技及經濟發展，根本是中性的？還是本身就是意識形態？第一代批判理論家在這問題上，表現曖昧的態度❻。

　　畢竟，我們不能不承認，當批判理論第一代的大師把「工具理性」和眞正的理性對立起來，眞實也就造就了後來哈伯瑪斯分開了「工作」和「互動」(work v.s. interaction)，及「制度整合」和「社會整合」的分別。「工作」及「制度整合」(systemic integration) 是透過權力及金錢這兩種導向媒介來運作的， 而無論民主選舉的政治（當然權力還是不平均分配）或金錢制度，都超出了傳統社會個人及家庭的支配範圍，它甚至威脅到家庭及社會的理性運作的要求，因此對工具理性擴張的批判，不是無意義的。

------

❻　參看 J. Habermas: *Toward a Rational Society*, pp. 81-90. 中， 哈伯瑪斯認爲馬庫色的 觀念就有點 無所適從。 (London: Heinemann, 1971)

不過，眞正的理性要如何建立？「互動」及「社會整合」成爲了新的政治改革的動力。馬庫色等第一代批判理論家明白到傳統社會及家庭，在工業化社會上漸漸瓦解，理所當然地放棄了以恢復它們的傳統角色來對工具理性作出對抗，（新保守主義就正正犯了這個大錯，強調愛國、宗教熱誠和家庭，來對抗社會「理性化」帶來人與人之間的疏離，而這種把時鐘向回撥的做法，一定會失敗。）但是，他們提出的美感領域及個人反叛，卻未能匯集到一種社會力量。當然，哈伯瑪斯提出「溝通的社會行動」(communicative social action, 德文 handeln 一字，是帶來社會裡人與人之間活動的意義)，可以算是透過人與人的溝通，來找尋社會中「制度整合」的原則。無可否認，哈伯瑪斯的確提供給批判理論一個實質的政治實踐的策略，不過，溝通只是手段，並不是目的，我們不是爲了溝通而溝通，我們在社會上的溝通，是爲了探討整體的社會需要，整體的權利及合理的權力、金錢、資源和機會等的合理分配方式。不同的社會條件，合理的方式當然有所差異，但一切要理性的論立 (rational justification)。

資本主義社會的「理性」標準，是容許人人爭取自己最大的利益，不疑問現實是否有平等機會及平等競爭，社會成功是一切的指標及社會延續的理由。批判理論就不同，就如馬庫色八十歲生日時告訴哈伯瑪斯：

> 看！我知道我們最基本的價值判斷根植於什麼──在於同情 (compassion)，我們的意思是在於關懷他人的苦難❼。

---

❼ Richard J. Bernstein (ed.): *Habermas and Modernity*, p. 79.

　　批判理論的理性，被馬庫色這番說話表露無遺，批判理論關懷的，要最基本的人道主義。社會不是為勝利者而設的，那只會是種弱肉強食式森林規律的社會，現今資本主義的每一角落都在體現著這種非理性及不人道的規律。社會首要的任務，是要每一個人都免於承擔不必要的痛苦、壓迫和排斥，要每個人體現自己的尊嚴和生存權利。批判理論永遠和貧窮及被壓迫者站在一起，和自私、暴力和不義鬥爭，使苦難者及犧牲者的血和淚，不能補償的——不會白流。

　　簡單地說，批判理論的基本道德立場，是深信人是易受傷害的（vulnerable），及人與人之間要利益上平等及互相尊重的。受傷害的原則，使我們關心他人的苦難，無論是自然災害、社會災難（戰爭、政治迫害）及傷害無論是政治、社會或人與人之間的暴力。批判理論在這方面的立場是抗暴的。在正面來說，批判理論關心社會上人與人平等的利益及基本上的尊嚴，要受到尊重及照顧，這方面表現在它追求社會平等（特別機會平等）、真正的自由及政治權利，這是一個理性的社會及政治制度要實現的原則❽。

---

❽　於倫理學上，有關人的「易受傷害性」（Vulnerability，德文Verletztbarkeit）及「利益平等」的論立等問題，可參考德國當今女學者 Ursula Wolf: *Das Problem des Moralischen Sollens* (Berlin: Walter de Gruyter, 1984) 的詳細解釋。

書　目

(一) 馬庫色主要的著作：

Herbert Marcuse: *Der deutsche Kuenstlerroman*在他的全集Schriften 1 中。原出版日期是1922年，現今(Frankfurt: Suhrkamp, 1978)

Herbert Marcuse: *Hegel's Ontology and the Theory of Historicity* (1932) (Cambridge/Mass: MIT Press, 1987)

Herbert Marcuse: *Reason and Revolution* (1941) (London: RKP, 1977)

Herbert Marcuse: *Eros and Civilization* (1955) (London: Ark Paperbacks, RKP, 1987)

H. Marcuse: *Soviet Marxism* (1958) (N.Y.: Vintage Paperback, Random House, 1961)

Herbert Marcuse: *One Dimensional Man* (1964) (London: Abacus, 1972)

Herbert Marcuse: *An Essay on Liberation* (1969) (Boston: Beacon Press)

Herbert Marcuse: *Five Lectues* (1970) (Boston: Beacon Press)

Herbert Marcuse: *Counterrevolution and Revolt* (1972) (Boston: Beacon Press)

Herbert Marcuse: *The Aesthetic Dimension* (1978) (Boston: Beacon Press)

Herbert Marcuse: *Studies in Critical Philosophy* (Boston: Beacon

Press, 1973)

Herbert Marcuse: *Negations* (Middlesex: Penguin, 1972)

(二) 有關馬庫色的著作：

Juergen Habermas (ed.): *Antworten auf Herbert Marcuse* (Frankfurt/M.: Subrkamp, 1968)

Barry Katz: *Herbert Marcuse and the Art of Liberation* (London: NLB, 1982)

Douglas Kellner: *Herbert Marcuse and the Crisis of Marxism* (Berkeley: U. of Calif. Pr., 1984)

Sidney Lipshire: *Herbert Marcuse—From Marx to Freud and Beyond* (Cambridge, Mass.: Schenkman, 1974)

Alasdair MacIntyre: *Herbert Marcuse—An Exposition and a Polemic* (N.Y.: Viking, 1970)

Alain Martineau: *Herbert Marcuse's Utopia* (Montreal: Harvest House, 1986)

Paul Mattick: *Critique of Marcuse* (N. Y.: Seabury, 1973)

Robert Pippin et al. (ed.): *Morcuse—Critical Theory and the Promise of Utopia.* (London: MacMillan, 1988)

(三) 其它著作：

T.W. Adorno: *Aesthetic Theory* (London: RKP, 1984)

T.W. Adorno & Max Horkheimer: *Dialectic of Enlightenment* (N. Y.: Seaburg, 1972)

T. W. Adorno: *Negative Dialectics* (London: RKP, 1973)

T. W. Adorno: *Schriften* (Frankfurt/M.: Suhrkamp, 1974)

Aristotle: *Nicomachean Ethics* (London: Heinemann, 1975)

Aristotle: *Politics* (London: Heinemann, 1977)

D. Bell: *The Coming of Post-Industrial Society.* (N.Y.: 1973)

D. Bell: *The Cultural Contradictions of Capitalism.* (London: Heinemann, 2nd Edition, 1979)

W. Benjamin: *Illuminations* (London: Fontana, 1979)

R. J. Bernstein(ed.): *Habermas and Modernity.* (London: Polity Press, 1985)

Wolfgang Bonss & Axel Honneth: *Sozialforschung als Kritik* (Frankfurt/M.: Suhrkamp, 1982)

S. Freud: *New Introductory Lectures on Psychoanalysis.* (vol. 2 Pelican Freud Library) (Middlesex: Penguin, 1973)

S. Freud: *Civilization, Society and Religion, etc.* (vol. 12, Pelican Freud Library) (Middlesex: Penguin, 1985)

S. Freud: *The Origins of Religion.* (vol. 13, Pelican Freud Library) (Middlesex: Penguin, 1985)

L. Goldmann: *Cultural Creation.* (Oxford: Blackwell, 1976)

J. Habermas: *Toward a Rationl Society.* (London: Heinemann, 1971)

J. Habermas: *Theory and Practice* (Boston: Beacon, 1974)

J. Habermas: *Knowledge and Human Interest* (Boston: Beacon, 1971.)

J. Habermas: *Legitimation Crisis* (Boston: Beacon, 1975)

J. Habermas: *The Theory of Communicative Action.* 2 vols (London: Polity Press, vol. 1. 1991, vol. 2, 1989)

190 馬 庫 色

J. Habermas: *The Philosophical Discourse of Modernity.*
(Cambridge, Mass.: MIT Press, 1990)

J. Habermas: *Strukturwandel der Oeffentlichkeit* (Darmstadt &
Neuwied: Luchterhand, 1980)

J. Habermas: *Die Neue Unuebersichtlichkeit* (Frankfurt/M.:
Suhrkamp, 1985)

F. Hegel: *Werke in Zwanzig Baenden.* (Frankfurt/M.: Suhrkamp,
1970)

Martin Held: *Introduction to Critical Theory.* (Berkeley: U. of
Calif. Pr., 1980)

M. Horkheimer: *Critical Theory.* (N.Y.: Herder and Herder,
1972)

M. Horkheimer: *Eclipse of Reason.* (N.Y.: Seabung ,1974)

M. Horkheimer: *Critique of Instrumental Reason* (N.Y.: Seabury,
1974)

Mavtin Jay: *The Dialectical Imagination.* (Boston: Little, Brown,
1973)

Immanuel Kant: *Werkausgabe* (12 vol.) (Frankfurt/M.: Suhrkamp,
1977)

G. Lukacs: *History and Class Conscionsness* (London: Merlin,
1971)

G. Lukacs: *The Theory of the Novel* (London: Merlin, 1971)

G. Lukacs: *The Young Hegel.* (London: Merlin, 1975)

C.B. Macpherson: *The Political Theory of Possessive Individu-
alism.* (Oxford: OUP, 1962)

Karl Marx F. & Engels: *Marx Engels Werke (MEW)* (Berlin:
Dietz, 1974)

J. O'Neill(ed.): *On Critical Theory* (N.Y.: Seabury, 1976)

F. Schiller: *Naive and Sentimental Poetry/On the Sublime.* (N. Y.: Ungar, 1975)

F. Schiller: *On the Aesthetic Education of Man.* (Oxford: OUP, 1967)

M. Weber: *The Protestant Ethic and the Spirit of Capitalism.* (N.Y.: Scribner, 1958)

M. Weber: *Wirtschaft und Gesellschaft.* (Tuebingen: Mohr, 5. Auflage, 1976)

A. Wellmer: *Critical Theory of Society* (N.Y.: Seabury, 1974)

L. Wittgenstein: *Tractatus-Logico-Philosophicus.* (London: RKP, 1961)

L. Wittgenstein: *The Blue and Brown Books* [(N.Y.: Harper, 1965)

L. Wittgenstein: *Philosophical Investigations* (Oxford: Blackwell, 1958)

L. Wittgenstein: *Culture and Value* (Oxford: Blackwell, 1980)

Ursula Wolf: *Das Problem des moralischan Sollens* (Berlin: Walter de Gruyter, 1984)

— 5 —

— 3 —

滄海叢刊書目